女神に覚醒するための秘法

レムリアからの教え

アダム徳永
Adam Tokunaga

ヒカルランド

陰陽和合をもたらすセックスは、男女に愛と喜びをもたらす神聖な行為です。この真実を今まで闇のパワーによって封印されてきました。

今まで私たちはセックスに対して、恥ずかしいもの、隠れてやるものと、どこかに罪悪観を持っていました。意識は現象化します。そのために罪意識を持ってするセックスには、それなりの現実がもたらされてきました。

その結果、人々はセックスを性欲の処理程度にしか理解できなかったのです。

本来セックスは、神からもたらされた最高のギフトなのです。人間は、神がつくった最高の生命体です。神は男女がセックスを通して最高の喜びを共有し合い、最高に愛し合うことを願っているのです。

性を解放することこそが、人類に幸せをもたらす道である。

そのことを私はずっと啓蒙してきました。その過程で、私の理念を実証していく必要性があり、スローセックスのメソッドを確立し、10年かけて1000人の女性とセックスセッションを重ね、スローセックスを実践してきました。セッションは、1回で4〜5時間というフルコース。これを3日に1回のペースで、10年間も続けてきたのですが、まるで阿闍梨《あじゃり》の千日行のようなものでした。

子宮に重なるように、丹田という場所があります。これはエネルギー（氣）のタンクで、気海とも呼ばれていますが、この丹田に性エネルギーがためられます。男の人から愛を注がれ、クンニされることで、クリトリスは快感の臨界点を迎えます。そしてクリトリスはイク状態に至り、快感の小爆発を起こします。この小爆発が丹田にたまったエネルギーに着火し、さらなる大爆発をもたらします。つまりクリトリスは、オーガズムをもたらす着火装置・起爆装置と言えます。

丹田の性エネルギーの大爆発によって、そのエネルギーはらせんを描いて一気に頭頂に向かって上昇し、そしてその膨大な性エネルギーが女性の性感脳を刺激して、無限なる快感をもたらすのです。この現象が、光源絶頂のオーガズムです。

なぜ、女性のカラダは全身性感帯なのでしょうか。それは、女性は全身を愛されるようにつくられているからです。女性は愛されて、愛に光り輝くようにつくられた生命体であり、愛し尽くされて、女神として発光していくのです。その愛される行為こそが、セックスです。女性はセックスを通して、愛を受け取るのです。光源絶頂のオーガズムは、セックスを通して女性が得る最高の喜びであり最高の愛。その愛を受けずして、女性は開花し、喜びの存在、愛の存在になれるでしょうか。なれるわけがありません。

女性は女の神としての生命体であり、男性から愛を受ける存在です。神は、女性が男性から喜びを得るために、女性にオーガズムというギフトを与えたわけです。

それでは、オーガズムとは何か。

単に気持ちいい、という快感のレベルの話ではありません。女性が究極の光源絶頂のオーガズムを体験すると、至福の喜びに満たされます。喜びは、神の根源です。女性がオーガズムの喜びの渦中にあるとき、それは神の状態にあり、神と一体化しているのです。これがオーガズムの本質的な意義であり、価値なのです。女性はセックスを通して極限の喜びを得て、最高の愛を享受してこそ、女神として昇華できるのです。

そもそもは、女性も男性を通して開かれるという性質を持っています。女性のカラダが全身性感帯なのも、男性から愛されるようにつくられているからです。

女性は愛されて開花して、光り輝く女神になっていくので、男性は女性を開花させる役割を果たし、女性を官能に誘うことが喜びなのです。

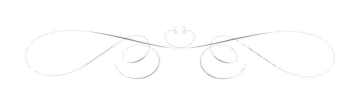

私はスローセックスを実践し、女性の官能美を目の当たりする中で、一つ大きな気づきがありました。それは女性には氣を感じる能力が、潜在的に備えられているということです。女性が深いオーガズムを得られるのは、氣に感応できる資質があるからです。

女性が女神として覚醒し、霊的能力を開花させるには、松果体を開くことが鍵になります。

目次

ブックデザイン
鈴木成一デザイン室
編集協力
宮田速記
校正
麦秋アートセンター

第1章
女性に覚醒をもたらす二大要素。性エネルギーと光源絶頂オーガズム!

人間の成長過程と覚醒の3段階

最近、「女神」とか「覚醒」という言葉を目にするようになりました。巷《ちまた》では、このような表現に対しての違和感がなくなってきているように感じますし、それらに対する認識が、時代の流れの中で徐々に受け入れられてきているのだと思います。

ところで「覚醒」に関してですが、何かをしたことで一気に覚醒するということはありません。覚醒には段階があるのです。

これは人間の成長過程と同じです。人間は7年、7年、7年と、3段階を通過して21歳で基本的な人間として完成します。

生まれた赤ちゃんが突然大人になるというのは不可能です。生まれたての赤ちゃんは何もできません。母親に抱かれてオッパイを飲み、食べ物を与えられ、ふんだんに愛を受けて成長します。そして、少しずつ父親やおじいちゃん、おばあちゃんに大切にされて、さらに愛を受けます。小学校へ行く7歳までが第1段階で、言語を習得しながら愛の魂の器が形成されます。次の小学校や中学校に通う7年間は、人間関係や外的世界を学ぶ期間で、外的な人間としての要素を習得し、成長していきます。

14歳ころから3段階目に入ります。思春期が始まる年齢です。性の目覚めが始まり、異性に対して興味を持つようになります。そのころから陰毛が生え始め、男子の場合は性器が大きくなり、女子の場合はオッパイがふくらみ始めます。この3段階目は、とても大切な時期です。人間としての器を完成する最後の段階として、精神性の発達が求められます。このようにして、人間はまさにホップ・ステップ・ジャンプの3段階で成長し、完成するのです。

同じように、「覚醒」にも段階があります。一足飛びにはいきません。最初の覚醒は、自分が神であるという意識の目覚め。次に霊的能力の目覚め。そして最後は、自分が神であるという完全なる自覚への目覚めになります。

覚醒の第一歩は真理への目覚め

本来、人間は神として存在しています。しかしほとんどの人は、自分が神だとは思っていません。

キリスト教に至っては、人間は神の戒めを破り、堕落した罪人であると教えています。神から隔離された人間である以上、目覚めとは真逆の意識の中に存在しています。

だからまず、人は意識の目覚めとして「自分は神なのだ」、女性だったら「自分は女神なのだ」ということの、本当の意味での理解や認識、気づきが初期の段階で必要になります。

しかし、目覚めを阻害するものは色々あります。社会意識がその一つです。それは人間がつくりあげた価値観であり、人はその価値観を疑うことなく受け入れて生きています。しかも、その価値観は絶対的なものではありません。時代によっても、国によっても、民族によっても違います。

無意識に受け入れてきた価値観を疑うこと、そして本当に人に幸せをもたらす価値観を認識し、真理に目覚めていくこと。その気づきと目覚めが覚醒の第一歩なのです。

ただ、覚醒というと、超能力が身につくとか、高次元とチャネリングできるようになるとかを求めがちですし、そういうことができないと覚醒していない（できない）と思ってしまいます。

しかしそれは、段階を踏んだ先の話です。意識の目覚めを放置した段階で上を目指しても、幼稚園児が突然大学を目指すようなものです。進化成長の法則に反しています。

スピリチュアル能力の覚醒を目指す人は多くおられます。しかし段階を踏まないでそこを目指しても、結局はうまくいきません。

アメリカなどでは、優秀な児童が飛び級で小学校から大学に進級する場合があります。天才児と言われる子たちです。しかし、人間としての成長を無視して大人の世界に入ることで、人間性に歪《ゆが》みが生じ、能力を発揮できず社会の落伍者《らくごしゃ》になってしまうケースがあると言われています。

だから人は一つ一つの成長の段階を、踏んでいくことが必要なのです。そういう意味では、真理の目覚め、神意識の目覚めを通らないで、超能力を身につけようと修行の真似事をすると大けがをします。

仮にそこで能力が開かれて、チャネリングができるようになったとします。高次元とアクセスできるようになり、様々な神と交信できるようになったとします。しかし、手放しで喜ぶことはできません。なぜなら自分にエゴが介在していると、闇のエネルギーとつながってしまう恐れがあるからです。そして、知らず知らずのうちに、低級霊に取り込まれ、不幸に陥《おちい》り、その結果、苦悩がもたらされるのです。

ほとんどの人は真理に目覚めておらず、生きることの意味すらも知りません。「何のために生きているのか」と聞かれたら、即答できません。それはなぜかというと、真理を知らないからです。

「宇宙の存在目的」「神と人間の関係」「人間の存在理由」「男と女の存在意義」、これらの本質的な質問に明確に答えることができること。覚醒を目指すのであれば、第一ステップとしてこの課題をクリアしなくてはいけません。その土台があってこそ、次に進むことができるのです。それが覚醒に至る第一歩です。

松果体は高次元波動の受信器

真理に対する意識の目覚めが起こったその先に、具体的な霊的能力の目覚めが起こります。その能力が目覚め始めると、その能力を司る松果体が起動し、高次元の高い周波数を受信し、その波動を認識できるようになるのです。

この宇宙空間には、無限の叡智と、神々の意識体が波動として存在し、地上にそのエネルギーを降り注いでいます。

高次元のエネルギーとしての波動は、低い波動から高い波動へ、無限の階層で分布しています。したがって、神として存在するエネルギー波動もレベルに幅があります。その波動を松果体が受信するわけです。松果体という受信器の性能によって、受け取れる波動領域が異なります。

インドなどでは、超能力を身につける行法として、仙骨にエネルギーをため、クンダリーニとしてそのエネルギーを脳に上げ、松果体を活性化させるという修行があります。しかしそれで成功する人はなかなかいません。強引な操作だからです。

見えるとか聞こえるとか、生まれながらに霊的能力が開かれている人がおられますが、これは過去世からもたらされた要素があって、その人なりに霊的に修行を積んだ過去があるからです。

さらに言えば、その人は他の星から来た魂であるケースもあります。違う星から地球をサポートするとか、地球に遊びに来たような宇宙人で、地球人になってからも、もともと持っていた能力が発動するというパターンです。

霊的世界は危険性をはらんでいる

私たちはチャネリングとか透視とかの超能力を持った人を見ると、憧れを抱きます。自分もそうなりたいと思うのは自然です。しかしそこに飛びつこうとすると、足をすくわれるような現実が現れたりするので、一気にそこにたどり着こうとするのは危険です。なぜなら、先述のように、無形の霊的世界に関わると、ダークサイドのエネルギーとつながる危険性があるからです。高次元の霊的世界には、闇の世界もあるのです。まずは自分の立ち位置をしっかりと認識し、闇の世界につながらないように、自分のエゴを浄化しておく必要があります。

私もいっときはイエス様と同じ能力を身につけたいと思い、空中浮遊とか瞬間移動に憧れたことがありました。しかしそれは私の今生のテーマにはなく、高次の神々から止めに入られたということがありました。私の場合は、今生において性を解放するという大いなる使命があります。それに集中するようにと高次元から指摘されたのです。

さて、霊的能力を開く上で簡単な方法として幽体離脱があります。肉体から意識が離れる能力です。幽体離脱ができるようになると、過去にも未来にも自由に行き来することができるようになり、自分や他人の過去世や未来を見ることもできます。私もかつてそれに憧れて、一生懸命に幽体離脱のトレーニングをしたことがありました。

中には透視能力を持った人もおられます。遠隔で人の玄関に入ってその家の様子を言い当てたりします。たとえば、ある霊能者がクライアントを霊視して「あなたはこのまえ墓参りをしましたね。そのときに栄養ドリンクのふたを開けないで置いたでしょう。あの世のご先祖様が、これでは飲めないじゃないか、と言っていますよ」とか言い当てたりするのですから驚きです。

ちなみに、霊能者に相談するときに気をつけてほしいことがあります。相手から、自分しか知らないことを言い当てられると、完全に相手を信じてしまいます。そして、徐々に相手の言いなりになります。さらには、相手の意見に従って、自分の人生を相手に委ねてしまいます。これは依存です。依存することが続くとその人は闇のエネルギーに侵入され、完全に相手にコントロールされ支配されるようになるのです。どんなに優れた霊能者でも、指示命令するようになったり、自分がそれに従うようになったりしたら要注意です。

また、霊的能力を持つことの弊害もあります。自分は、傲慢というエゴに取り憑かれてしまうことで、闇の世界とつながってしまいます。愛から離れてしまうので、決して良い人生を送ることはできません。霊的能力を持つ人は、自我のない謙虚なこころが求められるのです。

霊的能力が覚醒した次のステップとは

霊的能力が覚醒した先は、いったいどうなるのでしょうか。本当の意味で、自分自身が「神である」という完全なる自覚と認識が起こります。そして、「全てが神である」という認識に至るのです。そうなると、「私は神。あなたも神。私はあなた。あなたは私。自然も宇宙も私」という意識に至ります。神と私が、意識の上で完全に一体化します。そうなると、人間としての学びは終わり、人間としての活動を終え、卒業段階に入っていきます。その後、その人たちは人間を超えて、次のエネルギー体へとシフトアップしていき、これがある意味の「大覚醒」です。イエス・キリストやお釈迦様のようになっていくわけです。

これが3段階目です。最初に真理への覚醒。次に、具体的な霊的能力の覚醒。そして、完全なる神意識としての覚醒。それらを通過して、次の高次元へのエネルギー体として旅立っていくのです。これが「覚醒とは何ぞや」という説明です。

実は、覚醒には性エネルギーが必要になるのですが、飛び級のように先を目指してしまうと、うまくいきません。

第3段階の最後の覚醒では神になるわけですが、神は愛のエネルギーなので、それと一体化した状態になっていくと、本当に愛あふれる状態になっていくわけです。

ただ、愛というと、どうしても自分を放置して、自分の夫や子ども、家族、社会の人々など他者への愛になりやすいのですが、究極は完全なる自己愛に到達するのが真の愛です。

完全に自分を愛しきっていくと、自分が愛の発光体となって愛が広がっていきます。その愛でもって他者を愛していく。こういう順番なのです。

本当に愛に満たされると、生きていること、すなわち喜び、という境地に至ります。そういう意識状態に入っていくことが、本当の意味での大覚醒です。

性エネルギーの大爆発による光源絶頂オーガズム

ところで、究極の真理の本を読んだからといって、真理に目覚めて、すぐに覚醒するということはありません。大切なのは経験です。経験をして、読んだ本とすり合わせをすることで、気づきがもたらされていきます。これを繰り返しながら、人間は成長していくわけです。万巻の書物を読んでも、経験がなければ覚醒もしなければ成長もあり得ません。

それでは、女性が女神として霊的能力を解放するための鍵となるのは何でしょうか。それは性エネルギーと光源絶頂のオーガズムです。

では、光源絶頂とは何なのでしょうか。ローターを使ってイクのもオーガズムですが、女性が女神として宇宙空間に入って官能し、喘ぎ悶え、絶叫するオーガズムもあるのです。その意味で、性エネルギーの大爆発によってもたらされる究極のオーガズムを光源絶頂、あるいは光源絶頂オーガズムと呼んでいます。

ちなみに、なぜ性エネルギーが覚醒をもたらすのでしょうか。実は、これが人類に隠された秘密です。これまで封印されていた謎だったわけです。今までこの性の奥義を封印してきたがために、本当の意味での我々にとっての覚醒の道が閉ざされてきたのです。

セックスは男女が愛し合う最高の行為

神を一言で言うと何でしょうか。その定義をまず述べておきたいと思います。

　キリスト教では、「神は愛である」と言います。しかし私は、「神は喜びである」と定義します。喜び。これが神の本質であり、根源なのです。神は喜びたいという動機から、全てが出発するわけです。

　人間は、神の完全なる姿を三次元に顕在化した存在です。つまり、人間は神そのものと言えます。人間の魂の本質こそ、神の本質です。では、人間の魂の本質的な欲求は何でしょうか。それは、喜びです。喜びは、人間の生命の源であり原動力です。人間に備えられた、崇高なる魂意識、願望、欲望なのです。

　そして喜びとは、言葉を変えれば幸せです。人間はあまねく幸せを求めて生きています。それなのに、なぜ人類は不幸なのでしょうか。戦争の絶えない歴史が続くのでしょうか。

　人類が不幸な原因は何か。それを探求すると、不幸の第一の原因は、陰陽和合が分離していることに行き当たります。その真実に気づいたとき、私の人生の歩みが始まったのです。

宇宙を見渡したときに、三次元宇宙の全ては必ずプラスとマイナス、陰と陽という関係性で存在しています。プラスイオンとマイナスイオンが結合することによって、全ての物質、鉱物や動植物が存在しています。自然界においては、全て陰陽が統合して調和しており、分離などはありません。

ところが、どういうわけか人間だけが、陰と陽である男女が分離してしまいます。いったんは結合の力が働き、一つになろうとします。しかし、一つになってもすぐに分離してしまいます。それが現代の恋愛事情であり、夫婦の離婚や家庭内別居の問題です。世の中を見たときに、本当に仲よく最後まで人生を全うしているカップルやご夫婦はどれだけいるでしょうか。100人に1人か、1000人に1人、そのくらいの割合ではないでしょうか。友達のご夫婦を思い浮かべてみても、不平不満を言いながら、どこかで我慢しながら生きているというのが現実です。男女が愛し合うという究極の喜びの中で生き続けることはなかなか困難です。

夫婦関係がうまくいかないがゆえに、そこで育った子どもたちは影響を受けます。両親の充分な愛を受けないままに育っていくので、人間性に歪みが生じるのです。

歪みをもった男の子と女の子が一緒になっても、やはり愛し合うことが不十分で分離します。今までの人類は、この連鎖だったわけです。

なぜこうなってしまうのか。磁石は磁力によってN極とS極が結合します。男女が結合する力は愛です。人間の男女は愛の力で結合しています。つまりは、その愛が欠乏しているのです。

それでは、男女を結ぶ愛とは何でしょうか。それは、お互いを必要とし合い、お互いに喜びを与え、受け取っていく行為です。記念日にお祝いする。美味しいものを食べに行く。これはお互いに喜びを与え合って、喜びを共有し合う行為です。

しかし、愛の究極の形、お互いが最高に喜びを提供し合い、分かち合える行為は何かというと、実はセックスなのです。セックスは男女ともに最高の喜びを与え合い、共有し合う究極の行為なのです。

でも、これまでの人類はどうだったでしょうか。人や社会はセックスに対して罪悪観や羞恥心を持ち、汚れたものとして扱ってきました。つまり、最高の愛を放棄してきたのです。

セックスという最高の愛の行為を放棄しておきながら、何かプレゼントをしたり、朝の「おはよう」のチューくらいで、魂は満足することはできないのです。愛の磁力が弱いために、男女は分離してしまうのです。

私は若いころから、セックスの価値と意義を認識していました。そのため、セックスというものを徹底的に研究し、誰もがセックスを通して愛し合える性のメソッドを完成させ提示してきました。これが今までの私がたどってきた人生です。

セックスの本質的な意義と価値

人類は性を否定し、罪悪観を持たされてきました。それゆえ、本来は神棚に祀って大切にすべきセックスを、便器に吐き捨てるように汚れたものとして扱ってきました。また、男性は本能が赴くまま、欲望に任せて、女性の膣に精子を排泄してきたのです。

そんなセックスで、あまたの女性たちは喜びを得られているのでしょうか。セックスにこころから満足しているでしょうか。よくセックスに対する女性の苦情を耳にします。性感帯と言われる乳首とかクリトリスをチョチョと刺激されて挿入、そしてピストン運動……。実は女性はその行為だけでは不十分なのです。そのレベルのセックスは、動物に毛が生えたようなものです。単なる生殖行為にすぎません。低次元の幼稚園レベルの行為なのです。神が人間にギフトとして与えたセックスからは、遠くかけ離れています。

本来セックスは、神からもたらされた最高のギフトなのです。人間は、神がつくった最高の生命体です。神は男女がセックスを通して最高の喜びを共有し合い、最高に愛し合うことを願っているのです。

なぜ、女性のカラダは全身性感帯なのでしょうか。それは、女性は全身を愛されるようにつくられているからです。女性は愛されて、愛に光り輝くようにつくられた生命体であり、愛し尽くされて、女神として発光していくのです。その愛される行為こそが、セックスです。女性はセックスを通して、愛を受け取るのです。光源絶頂のオーガズムは、セックスを通して女性が得る最高の喜びであり最高の愛。その愛を受けずして、女性は開花し、喜びの存在、愛の存在になれるでしょうか。なれるわけがありません。

赤ちゃんは、なぜ3年間も母親に抱かれてオッパイを吸い続けるのでしょうか。赤ちゃんは、母親の愛をふんだんに受ける必要があるからです。それによって子どもは母の慈愛を受けて、人間として愛の魂の器が形成されるのです。

もし赤ちゃんが、生まれた瞬間からカプセルに隔離され、誰にも抱かれることもないまま、食事だけ与えられ放置されたらどうなるでしょうか。赤ちゃんは死んでしまいます。もし生きながらえたとしても、こころのない冷たい人間になってしまいます。仮に成長してから愛を注いでも手遅れです。冷たくなった鉄と同じように、愛を育む受け皿が欠落しているので、豊かな人間に成長することは非常に困難です。

それと同じように、女性は女の神としての生命体であり、男性から愛を受ける存在です。神は、女性が男性から喜びを得るために、女性にオーガズムというギフトを与えたわけです。

それでは、オーガズムとは何か。単に気持ちいい、という快感のレベルの話ではありません。女性が究極の光源絶頂のオーガズムを体験すると、至福の喜びに満たされます。喜びは、神の根源です。女性がオーガズムの喜びの渦中にあるとき、それは神の状態にあり、神と一体化しているのです。これがオーガズムの本質的な意義であり、価値なのです。女性はセックスを通して極限の喜びを得て、最高の愛を享受してこそ、女神として昇華できるのです。

　人は思春期も含めた3段階の成長の過程を経て、人間として完成します。完成された男女が、セックスを通して究極の喜びを共有し合うことで、初めて女の子から女性、男の子から男性となって、さらなる成長を遂げるのです。「性」という冠《かんむり》がつけられた男女は、その後の人生において、セックスを通して喜びを拡大し、愛を拡大し、黄金に光り輝く存在へと成長していくのです。セックスにおける男女の一体化、つまり陰陽和合はまさに、神の究極の経験なのです。

　そして、完全な喜びを体験して至福の状態にある人間は、同時に怒ったり、ねたんだりという感情は起こりません。笑いながらバカヤローと言えないのと同じです。

　セックスを通して男女が愛し合う世界が拡大すると、どうなるのでしょうか。愛にあふれた天国が実現します。この地上における人間の喜びの世界です。人間はみんな幸せを求めています。喜びをもたらすセックスが世界に拡大したとき、地上に天国が現れ、人間が本来求めていた幸せの世界が成就されることになります。

性意識の目覚めが覚醒の第一歩

今まで人類は性を否定してきたことで、性に関しては全くの無知な状態にありました。何の疑いもないままに、性欲の処理としてのセックスを続けてきたために、セックスを学ぼうという発想がありませんでした。そのため、セックスを学びもしなければ、教えもしない。誰もセックスを探求してこなかったのです。

ピアノやバイオリンを奏でる演奏家は、毎日何時間も練習して技術を磨きます。そして、演奏会場で最高の音色を披露し、聴衆に感動を与えます。

それなのになぜ人は、愛するパートナーとのセックスで、技術を磨こうとしないのでしょうか。それが不思議でなりません。

実は、それには理由があります。それは、人類の意識にブラインドがかけられてきたからです。意識の覚醒という点で、闇のパワーによって眠らされてきたからです。しかし、時代は闇から光の時代にシフトしました。高次元から光のサポートを受ける時代を迎えたのです。これからは性のブラインドから解放されて、誰もが簡単に覚醒できるようになっていきます。

過去において、たくさんの聖人や偉人たちが多くの真理を説いてきました。そのメッセージによって、人々に魂の成長がもたらされてきました。しかし、人を覚醒に導くほどのパワーはありませんでした。なぜでしょうか。それは、バウムクーヘンのように外側の部分だけが説かれてきたからです。本質的な大切な部分は、ごっそりと抜け落ちていたのです。それが性についての内容でした。

宗教も同じです。人の幸せのために、いろいろな教えが説かれています。

キリスト教では、牧師や神父によって神の教えが説教されます。しかし性の内容は禁忌です。一番大切なことが避けられていたのです。

先にも書いたように、女性は体験を通して覚醒に至ります。局部をチョチョイと刺激されて、「アッ！」とイクような次元のオーガズムは論外です。正しい知識と技術によって絶叫し続ける世界。1時間でも2時間でも、ずっと官能し続ける世界。その喜びの世界を体験すると、女性は性感脳が開かれ、覚醒に至る道が開かれるのです。

しかし女性自身が、その資質があることを知りません。また気づいてもいません。だからこそ、まずそのことを知的に知ること。それが、女性が覚醒に至る第一歩です。そして、官能に至る体質を、自分自身で育て上げること。これが2つ目です。

本書では、女性が女神に覚醒するための秘法ということで、自分自身で官能できるカラダに育てる方法と、覚醒に必要な松果体を開いていく方法をお伝えしていきます。

最終的には、男女での陰陽和合を成就できれば最高ですが、その前に自分でもできる部分があります。つまり、女性として自分の努力で開花させられる要素があるのです。スタートラインに立たれているみなさんは、今はまだ富士山の麓にいるかもしれません。しかし、私が指導する方法に従って実践していけば、山頂に到達することができます。それは覚醒された世界です。

まずは、性意識の目覚めからスタートしてください。官能できるカラダを育みながら、松果体を開いてください。そして、自分自身での秘法を実践していけば、女神としての覚醒の領域に到達できます。

第2章

セックスは神によってもたらされた人間への究極のギフト

男性は女神を通して三次元で活躍できる

女性は、本来の女神として備えている自身の資質を認識する必要があります。女性は巨大なエネルギーを無限に内包できるキャパシティを持っています。それは、エーテル体としてのエネルギーをチャージできる体質であるということです。女性の光源絶頂のオーガズムは、スキン（皮膚）の摩擦によってもたらされる感覚とは全く異なります。快感物質がバンバン出て感じる、という話でもありません。これは、エーテル体というエネルギーの話になってくるのですが、丹田に蓄えられた性エネルギーが大爆発すると、極限の快感がもたらされます。性エネルギーが核融合のごとく活性化することで、性感脳に無限の快感をもたらすのです。性感脳というのは、性的に感じる脳、性的刺激を受診できる脳という意味での私の造語です。

わざわざインドやチベットに行って修行をしなくても、女性はその性エネルギーを活用することで、光源絶頂のオーガズムを体感し、簡単に覚醒の道が開かれます。

人は成長過程の3段階を経て21歳に到達すると、理想的な性行為を営むことができるようになります。そして、陰陽和合を成就して、女性には最高のオーガズムがもたらされます。それによって女性は覚醒して高次元とアクセスできる能力が開花し、そして初めて女子から女性に昇格し、女性としての本来の役割を全《まっと》うすることができるのです。

女性を女神に誘《いざな》うことのできた男性は、それによって女性のエネルギーの恩恵を受けて、男神としての立場を確立し、三次元世界で活躍することができるようになります。

男性と女性では、能力も資質も役割も違います。男はどちらかというと物事を三次元化することに長《た》けていますし、女性はスピリチュアル能力に長けています。男性は、女性からもたらされる直感やインスピレーション、または高次元のメッセージを受けながら、三次元の世の中に科学的物質文明を発展させていくことができるというわけです。

セックスは、社会の発展という観点から見ても鍵となるものなので、この鍵を完全に放置した状態で一生懸命やっても限界があります。想像してみてください。高次元とつながった女性の意見を受け取りながら、男性が三次元で具現化したらどうなるかを。神の理想が、この地上に一気に展開するに違いありません。

SNSの発達が女性の性を解放する

巷のご夫婦を見ていると、幸せそうじゃないカップルをよく見かけます。それはなぜでしょうか。スバリ、セックスをしていないからです。

今はSNSが発達して、スマホで男女が気軽に出会える環境が開けてきました。結婚していて夫がいるけれども、ちゃっかり陰で不倫する女性が増えています。夫とはセックスレスという環境で、女性は自分の本音に従って、女としてしての喜びを求め、夫以外の男性を求めているわけです。

私としては、時代の流れの中で、女性が本心に立ち返る現象として良いことだと感じています。法律的には不法行為であっても、セックスレスでセックスの喜びを奪われることのほうが罪深いことでしょう。

しかしどれだけ不倫をして、女としての喜びを求めても、そのお相手のセックスが下手だったら、どうでしょうか。結局は落胆に終わります。女としての欲求が満たされないまま、人生が終了してしまうことになりかねません。これからは、女性は男性任せにするのではなく、女性がセックスを学び、男性にアプローチしていくことも必要だと思います。

女性がセックスを学ぶ。これがこれからのトレンドになればいいなと期待しています。

まず前提となるのは、男と女は全く別の生き物であるということです。男は出産する機能を持っていませんし、女性のように全身が性感帯というわけでもありません。男性は、基本的には女性とセックスをして射精をしたい、という単純な生き物なのです。

しかし、女性は複雑です。そもそもは、女性も男性を通して開かれるという性質を持っています。女性のカラダが全身性感帯なのも、男性から愛されるようにつくられているからです。

女性は愛されて開花して、光り輝く女神になっていくので、男性は女性を開花させる役割を果たし、女性を官能に誘うことが喜びなのです。

ちなみに自然界の動物の多くは、メスが主導権を握っています。鳥の場合は、オスが一生懸命に巣をつくってメスに求愛します。メスがオスの作った巣を気に入れば、交尾を許可します。

オーストラリアに孔雀グモというクモがいます。オスはメタリックな、青とか赤のきれいな色彩を持っています。それをメスの前で見せつけながら踊り、メスが気に入れば交尾が許されます。もし許可されなかったら、メスはオスをパクッと食べてしまうのです。まさに、交尾も命がけ、死にものぐるいです。

自然界は厳しいものです。メスがオスに寛容なのは、人間くらいなものです。自然界に倣って人間の女性も、これからは主導権を握って男性を選ぶ時代になってほしいものです。

女性の官能における反応は百人百様

人間のカラダの形状は人それぞれです。しかし、人によって耳や目が3倍大きいとか、腕とか足が3倍長いというようなことはありません。

しかし、女性のカラダの中には、人によって倍率が1から10ぐらい違う箇所があります。それはどこでしょうか。スバリ、それは乳房とクリトリスです。乳房はAカップからスイカップまで大きさがあります。また、クリトリスも平均サイズはアズキほどですが、女性によってはゴマ粒ほど小さい女性もいますし、ソラマメぐらいの大きさの女性もいます。それほどの幅があるのです。この乳房とクリトリスの2つは、性を司る場所です。セックスを象徴するパーツです。これはまさに、女性の性の多様性を象徴しています。

ちなみに男性においては、唯一、男性器に個人差があります。しかしそれとて、10センチから20センチ程度の幅で、せいぜい2倍くらいの範疇です。参考までに、日本の男性のペニスの平均サイズは、12センチから15センチの長さに収まります。

ところで、乳房やクリトリスの大きさに幅があるように、実は女性のオーガズムの反応や、官能の度合いにもかなりの幅があります。それはまさに百人百様。感じ方も、反応の仕方も、みんな違います。ある意味、これが神の創造の妙味なのです。これが男女において、セックスに深みと味わいをもたらす要因です。もし、女性がみんな同じ反応だったら、誰とセックスしても同じになります。そうなると男性は、別な女性とセックスする興味がわきません。女性の個体差が多種多様で無限なので、男性はいろいろな女性に興味を示します。

女性のカラダという楽器を演奏して、女性に官能美をもたらし、その反応を体験したいというのが男の根源的欲求であり喜びです。男性はセックスで女性が官能する姿に興奮するようにつくられているので、多くの女性とセックスしたい衝動にかられるわけです。

ところで、なぜ男性はセックスの際に女性にしつこく「どう、イッた?」「気持ちいい?」「感じる?」と聞くのでしょうか。それは、女性を喜ばせたかどうかを確認したいからです。

男女を象徴する性器は凸と凹になっており、全く反対の形状をしています。つまり男女はセックスにおいて、それほど違うということです。そして、セックスにおける役割も全く異なります。男性は多くの女性を感じさせて喜びたい。女性は男性に愛されて感じて喜びたい。これが基本です。この違いをちゃんと認識しておいてほしいと思います。

ただ現実においては、さっさと射精を済ませて、女性を置いてきぼりにする男性は少なくありません。男性は本当に女性を喜ばせたいのかと、疑問に思うかもしれませんが、このような男性はまだ霊性が低く、自分本位で、魂が成長できていないからなのです。

アダムタッチで女性の性感脳は開かれる

性を解放することこそが、人類に幸せをもたらす道である。そのことを私はずっと啓蒙してきました。その過程で、私の理念を実証していく必要性があり、スローセックスのメソッドを確立し、10年かけて1000人の女性とセッションを重ね、スローセックスを実践してきました。

セッションは、1回で4〜5時間というフルコース。これを3日に1回のペースで、10年間も続けてきたのですが、まるで阿闍梨の千日行のようなものでした。

通常のみなさんのセックスを見ると、男性はキスをして、乳首を舐めて、クリトリスをチョチョイといじって、女性器が濡れているかを確認して、ペニスを挿入する。ピストン時間は、早い人だと2〜3分。長くても10分くらいでしょう。そして射精して終了。これが一般的なセックスです。このようなセックスで女性が満足するはずがありません。私はこのようなセックスを、ジャンクセックスと呼んでいます。

愛されたい生命体である女性は、全身が性感帯です。女性は男性から全身愛されるようにつくられているのです。その愛撫の最善の方法が、私が考案したアダムタッチです。触れるか触れないかの微妙なタッチ圧で、女性のカラダ全身を丁寧に愛でていきます。指からでる「氣」を使って、カラダの細胞を官能の喜びで満たしていきます。それによって女性は性感脳が開花していくのです。その後、乳首とかクリトリスなどの性感帯を刺激することによって、初めてイキっぱなしの、光源絶頂のオーガズムを迎えることができます。

クンニ（クンニリングス）も、ただクリトリスをペロペロ舐めればいいのではありません。愛を持って丁寧に舐めながら、舌先からエネルギーを通していく。そうした先に、女性が本当のイクを経験できるのです。

オーガズムは性エネルギーの大爆発

子宮に重なるように、丹田という場所があります。これはエネルギー（氣）のタンクで、気海とも呼ばれていますが、この丹田に性エネルギーがためられます。男の人から愛を注がれ、クンニされることで、クリトリスは快感の臨界点を迎えます。そしてクリトリスはイク状態に至り、快感の小爆発を起こします。この小爆発が丹田にたまったエネルギーに着火し、さらなる大爆発をもたらします。つまりクリトリスは、オーガズムをもたらす着火装置・起爆装置と言えます。

丹田の性エネルギーの大爆発によって、そのエネルギーはらせんを描いて一気に頭頂に向かって上昇し、そしてその膨大な性エネルギーが女性の性感脳を刺激して、無限なる快感をもたらすのです。この現象が、光源絶頂のオーガズムです。

また女性は、自分でマスターベーションをしてイクという経験をすることもあります。これもオーガズムではありますが、それはとても浅いオーガズムで、小爆発に留まります。丹田にためられた性エネルギーの大爆発までには至りません。ここが通常のオーガズムと光源絶頂オーガズムの違いです。

丹田の性エネルギーの爆発がともなうオーガズムは、高原状態に入り、信じられないかもしれませんが、イキっぱなしの状態になります。イッテいる状態がガーッと続く。官能しっぱなしの状態です。

私は1000人の女性とセッションを重ねながら、この情景を目の当たりにしてきました。「もうダメ、やめてぇ！」と言うので、「やめる？」と聞くと、「やめないでー！」と懇願する。あまりの快感の連続で、下手したら快感の拷問になってしまうことすらあります。

セッションは、基本的にはその女性とは1回きりです。できるだけ開花させてあげたいという思いから、会ってまだ慣れないところに強制的にクンニで快感をもたらすわけです。ですので、苦しくなってしまうこともあります。しかし、ずっと快感が続いていく世界とは、喜びの世界なのです。

光源絶頂に入ってしまった女性はどうなるでしょうか。女性はそこから宇宙を見始めます。銀河系の中とか、黄金の光の中に包まれるとか、こういう世界の中に入っていってしまうのです。まさに神と合一した姿です。

スローセックスを体験した女性のレポートには、そのようなことが書かれています。私はこれらのセッションで、スローセックスを経験した女性のすごさを目の当たりにしました。女性は愛されたい生命体であり、女性はセックスという喜びを得て、美しくなる存在であるという確信を得たわけです。

セックスは卑猥《ひわい》なものではなく、神の領域に至る神聖な行為そのものなのです。

人生に最高の喜びと愛をもたらすのがセックス

近年、科学の発達には目を見張るものがあります。しかし、進化した宇宙人からすれば、まだまだ地球は幼稚園レベルかもしれません。実は神の無限性から推し量ると、高次元には、ありとあらゆる叡智が波動となって満ちあふれているのです。

人間の霊性がもっと高まれば、その叡智から科学技術の情報を受け取り、世界はもっともっと発達していくに違いありません。

たとえば、種をまくと、芽が出て木になって、実が実ります。その種の中にDNAとして情報がインプットされています。同じように顕微鏡で見なければわからない精子と卵子の中に、人間の情報が全部詰まっています。1ミリと満たない受精卵が、細胞分裂を繰り返して、立派に人間として完成するのです。本当に不思議なことです。しかしそれを思ったら、何でもありです。同じ原理で考えると、種ほどのカプセルに情報がインストールされていて、そのカプセルからクルマが出現したり、家ができたりすることだって可能です。人間は神なので、人間が思うこと、想像できることは、すべて実現可能なはずです。

世界はいまだ対立し、分裂しています。エゴが強すぎるのです。エゴは生命を維持しようとする働きでもあり、必要な要素でもありますが、エゴだらけになると不幸が万延します。必要なのはエゴを凌駕するほどの、喜びと愛のエネルギー。エゴより喜びと愛が大きければ、相対的な関係でエゴは小さくなります。私たちに必要なもの、それは喜びと愛を補強し供給することです。

それでは、どうすれば喜びと愛を補強し供給することができるのでしょうか。

日常生活において、みなさんはどのようなことで喜びと愛を供給していますか。飛び上がるほどの喜びや、絶叫するほどの喜び。それはどんな時でしょうか。たとえば、オリンピックで金メダルを獲ったら、「ヤッター！」とジャンプしながら絶叫し、喜ぶでしょう。汗水たらして辛い練習を重ねてきたがゆえに、喜びも一塩です。でも、その喜びが1時間と続くことはありません。

しかしセックスはどうでしょうか。光源絶頂のオーガズムを経験すると、絶叫を伴う喜びが延々と続くのです。そして、愛し愛される喜びがあふれるのです。このような現実を超越した喜びは、セックス以外にどこに見いだすことができるでしょうか。

セックスはいつでもできます。喜びと愛をいつでも補給できます。喜びと愛のエネルギーを定期的にチャージできれば、こころは満ちてきます。自らのエゴも、大いなる喜びと愛で凌駕できれば、世界は喜びと愛の世界に変革するのです。

不感症をもたらす様々な原因

かつて1000人の女性とスローセックスを実践したときに、多くの女性は性感脳が開かれ、オーガズムで官能し絶叫しました。私はその女性の官能美を目の当たりにし、どれだけ女性を羨ましく思ったことでしょうか。ですが、セッションで全ての女性が官能したわけではありません。私のテクニックを100%駆使しても、イケない女性、感じない女性もおられたことは事実です。

いわゆる不感症の原因はいろいろとあります。その一つに、生命エネルギーが不足していることがあげられます。丹田には、肉体を維持するために必要な生命エネルギー（氣）が蓄えられています。そのエネルギーが足りないと、性エネルギーが発動しません。私が一生懸命に愛撫をしても、元のエネルギーが低いために、性エネルギーとして爆発を起こせないのです。微かに感じて「アッ」というレベルで終わってしまうこともありました。

しかし原因は、肉体だけに留まりません。精神的なことが原因で、不感症になるケースがあります。その一つが、性に対する罪悪観や羞恥心です。誰でも多少は罪悪観や羞恥心はあります。しかしそれが異常に強いと、性感脳がブロックされ、不感症の原因になります。性器を見られるのが恥ずかしくて、クンニを拒否する女性もおられました。それだけ羞恥心と拒絶感が強いと、感じるまでに至ることはできません。

もっと直接的な原因としては、性的いたずらや性的暴力を受けたことが原因で不感症になるケースです。男性や性的行為に恐怖心を持つことで、こころが閉ざされて、感じなくなってしまいます。

また、意外な原因として、直接セックスに関係がない場合もあります。それは過酷な人生を生きた女性、たとえば幼少時にいじめや虐待にあった女性に多いです。精神的・肉体的痛みを受けることで、少しでも自分をダメージから守ろうとして、無意識に感覚を閉じて痛みを感じないようにしていた場合などです。こころと性感脳はダイレクトにリンクしていて、こころが閉じていると、感覚も鈍感になり、性的刺激を加えても何も感じないカラダになってしまいます。こころがフリーズし、感覚がフリーズし、脳がフリーズした状態では、どれだけ肉体的な刺激を与えても、脳がその情報をはね返してしまい、感じることはできません。乳首を舐めても、クリトリスを舐めても何にも感じない。そんな女性には、そのような原因があったりします。

もしあなたが不感症であるならば、今述べたような原因があります。そのマイナスの部分を埋めていかないと感じるカラダになりづらいですし、ましてや覚醒にはほど遠いでしょう。

ただし、ジャンクセックスで痛い経験をしたことで、性に対して負の感情を持っているけれども、本当は大爆発をもたらすほどの可能性を秘めた女性もおられます。

また逆に、不感症ではないどころか、セックスに対して肯定的で、セックスが大好きな女性がおられます。とても感じやすくイキやすい。そして性エネルギーがみなぎっています。とても恵まれた女性だと思います。このような女性は光源絶頂オーガズムを経験しやすく、一番覚醒に近い女性と言えます。

そういう意味でも、まずは性的に自分の立ち位置を知ることが大事です。性に対する羞恥心を強く持っているのか、嫌悪しているのか、セックスは好きなのか、性に対してどう思っているのか。ちゃんと理解してください。

自分の性的レベルを確認する方法

自分の性的レベルを確認する一番簡単な方法があります。それはマスターベーションです。私は女性がリードするスローセックスの普及を目指すエヴァセラピー協会を運営しており、エヴァセルフラブ秘儀という秘法を講座生に実践してもらっています。イメージを含めた呼吸法とマントラを内言しながら、マスターベーションをするというものです。彼女たちに提出してもらうレポートを読むと、オーガズムで痙攣《けいれん》してのけぞったと告白する女性もいれば、時間かけても何も感じない、イケなかったと言う女性もいます。

いずれにしても、マスターベーションを期間を定めて行として実践すると、いろいろなことが見えてきます。いかに継続的に続けることが大変なのかを体験します。それによって、今の自分の性的レベルの立ち位置が理解できるのです。

脳の興奮が性的感度を左右する

先ほど述べたこと以外に、もう一つイケない原因があります。それは脳の興奮度合いに関するものです。やはり性的な興奮は、性的感度の重要な要素となります。性的興奮がないとなかなか感じないし、イケないということが起こります。肉体への刺激で気持ちよくなる感覚は大切ですが、脳における性的興奮もまた、女性が官能に至るにはすごく大切な要因です。

女性の中には、性的嗜好性がやや屈折している方もおられます。縄で縛られて踏みつけられることで興奮する女性や、ＳＭプレーでムチを打たれて興奮する女性などです。人の性的嗜好は自由で、とやかく言うことではありません。ただ、このような嗜好性は波動領域が低く、快感も動物レベルに留まります。決して光の領域に昇る光源絶頂に至ることはありません。

やはり男女が愛し合って、性的に脳が興奮するのが一番です。しかし長年連れ添った夫とは、触れられるのも嫌で、性的に何も興奮しないというケースもあります。

いかに脳を性的に興奮させることができるか。これは女性が女として官能していく上で見過ごすことはできません。たとえば官能小説を読んでみるとか、ＡＶを見るとか、過去に憧れだった片想いの彼を夢想するとか、自分なりに工夫が必要です。これも覚醒に至る重要な要素なのです。

思春期は性的発育がもたらされる重要な期間

人は思春期に入ったころに、異性への目覚めが始まります。異常なまでに、異性に対して関心がふくらむのです。この期間は人間の成長段階として、完成期を迎えていいます。男として女として、完成していく重要な時期なのです。

思春期の７年間は、女子の場合は女性として成長を遂げる時期です。この期間に異性に関心を寄せ、恋愛小説を読んだり、恋愛映画を鑑賞したり、詩や音楽に触れたり、時にはこっそりと官能小説を読んだりして、女性性を育んでいくのです。もしそのときに異性に無関心のまま成人を迎えたとしたら、女性として未完成のまま大人になってしまいます。今の社会はこの貴重な時期に、進学と称して全ての時間を勉強に消費しています。非常にもったいないことです。それでは女性性を育むことはできません。女性としての性的発育がもたらされません。

とはいえ、高校生の中には、すでにセックスを経験している女子も少なからずいます。私が高校生の時代は、不純異性交際ということで、セックスをしていることがバレたら停学処分になりました。しかし今はセックスに対しての垣根も低く、気楽な好奇心でセックスができる環境にあります。

基本的には、男子の強引なアプローチからセックスに至るケースが多いと思いますが、男子もまた成長過程で、愛が完成しているわけではありません。ほとんどが急に目覚めた動物的本能のレベルでの性欲に突き動かされて、セックスに至る場合が多いと思います。

となると、ここで一つ問題が発生します。男子はAVを見たりして、それがセックスの教材になります。そしてそのまま現実世界で同じようにセックスを実行してしまう。キスをして、ちょっとクンニして、フェラをしてもらって、そして交接。腰をガンガン振ってピストンします。男子はそれで満足ですが、その結果、女子は性被害に直面するのです。男子は射精して気持ちいいかもしれませんが、ほとんど愛撫もなくペニスを挿入された女子は、ただ痛いだけです。結局女子は何の感動もないまま、痛いだけのセックスを経験し、憧れであったセックスが、排泄同然の行為に価値が下落するのです。

本来セックスは男女が愛し合う崇高で神聖な行為のはずです。魂はそれを知っています。しかし現実に直面して、女子は内心セックスに絶望を覚えるのです。それは無意識ではあっても、潜在的に深い傷となってこころに刻まれます。

そのような理由で、私は高校生のセックスには反対の立場です。気軽な好奇心からセックスをしてほしくないのです。高校生という思春期まっただ中で、精神的な発育を優先し、異性への憧れをふくらませ、異性を大切に思うこころを育んでほしいのです。

ただその中でも、セックスを謳歌している女子も少なからずいます。しかしそれは少数派です。前戯も稚拙なセックスで傷ついた女性が圧倒的に多いのは事実です。

この本を手にされた女性の中には、高校生の時期にセックスをして傷を引きずっている方もおられるかもしれません。ぜひこの機会にその意識を手放してください。そのためには、まずは自分が傷ついていたことを知ることです。そして後でお伝えするエヴァセルフラブを実践し、まずは感じるカラダを自分で育んでください。その快感を通してセックスへの意識を変換させることです。ぜひセックスが好きになり、セックスに憧れを持つようになってください。

第3章
エーテル体領域の性エネルギーこそが女性に究極の官能をもたらす

松果体を開花する第一段階は性エネルギー

私はスローセックスを実践し、女性の官能美を目の当たりする中で、一つ大きな気づきがありました。それは女性には氣を感じる能力が、潜在的に備えられているということです。女性が深いオーガズムを得られるのは、氣に感応できる資質があるからです。

女性が女神として覚醒し、霊的能力を開花させるには、松果体を開くことが鍵になります。松果体を開くといっても、段階があります。その第1段階が、氣のエネルギーを受信する能力です。

女性は高感度な性的快感を通して、丹田に性エネルギーが蓄積されます。そのエネルギーが臨界点を超えて大爆発したとき、圧縮された性エネルギーは中脈を通って頭頂に抜けます。そのときに性エネルギーは松果体を通過するのですが、その強力な性エネルギーが松果体の機能をONにするのです。

松果体の機能が活性化すると、氣のエネルギーを認識できるようになります。そうなると、離れたところから手をかざすだけでも、その人の氣のエネルギーを感じることができます。

実はそのことに気づく出来事がありました。それは、スローセックスを終えて女性とベッドで添い寝をしていたときのこと。その女性がいつまでも身をくねらせて喘ぎ、悶えているので、思い立って手をかざしてみました。すると、セックスをしていた最中と同じくらいに官能し始めます。面白くなって、距離を離したり、息を吹きかけたりといろいろ実験してみました。何メートルも離れたところからでも官能する姿を見て、氣の性質というものの現象を目の当たりにしたのです。

その後、いろいろなところで氣の効果を試してみました。仙骨に手を当てて氣を流すことで、腰砕けになって官能する女性。キスをするときに意図的に氣を流すことで、しゃがみ込んでしまう女性。遠隔でパソコンの画面から氣を送るだけで官能してしまう女性。意識で氣を送るだけで官能する女性。いったん松果体が開いた女性は、面白いくらいに氣で官能することができるのです。

ここで一つ補足しておくことがあります。それは、氣のエネルギーならなんでも官能するかというと、そうではありません。氣にも種類があり、健康の氣のエネルギーと性的な氣のエネルギーとは種類が異なります。病気を治療する気功師が発する氣を女性に向けても、性的快感にはなりません。ただポカポカして健康的に気持ちがいいという反応になります。性的な意図を持って氣を放射することで、それが性エネルギーとなって女性を官能に誘うことができるのです。

氣のエネルギーでイッてしまう女性たち

もともと、女性は直感力が優れています。男性の浮気とか、隠し事や嘘を見抜く能力に長けています。これは女性が氣を感じる能力があるからです。男性が発するエネルギーを、波動として無意識で受信することができます。実は意図的にそれを極めた先に、氣で感じる能力が開花するのです。

ちなみに性感脳がフリーズしている人は、アダムタッチや性的刺激を受けても感じることができません。それは氣を感じる機能がシャットダウンされているからです。しかし性感脳が開かれると、氣で感じる能力も連動して開かれていきます。

今まで私たちは、セックスはスキンの摩擦による行為だと思っていました。しかしそれは肉体レベルの話で、セックスは多重構造による行為。セックスは肉体レベルを超えて、エーテル体による氣のエネルギーの交流レベルもあるのです。そのエーテル体の氣のエネルギーを感じ取ることができるようになると、ペニスが挿入されただけで、性エネルギーが循環し、ピストンしなくても、それだけで高感度な快感を得ることができるようになります。

私はプライベートで講習を行っていますが、そこでは男性にスローセックスを指南しています。その講習の最後に、氣の交流の技法を伝授しています。着衣の状態ですが、モデルさんに仰向けに寝てもらい、男性はカラダを垂直に立てた状態で、対面上体立位という体位をとってもらいます。

そして男性には百会というクラウンチャクラから、天の氣を吸い込んで丹田に持ってきてもらい、丹田にためたエネルギーを、ペニスを通して女性の中に入れてもらいます。講習では実際にはペニスは入れませんが、そういうイメージを持って行ってもらいます。

するとすでに性感脳が開花したモデルの女性は、それだけで「アーッ」と喘ぎ、カラダをのけ反らしてイッてしまうのです。なかなか信じられないかもしれません。しかし、10人くらいいる講習モデルさんのほとんどが、そのような反応を示します。性感脳が開くと、それだけで女性は官能してしまうのです。氣のエネルギーは、それくらい強力なパワーがあるということです。氣のエネルギーを認識するための松果体活性の第一関門は、氣を認識する機能を開くことです。氣は精妙で微細な波動のエネルギーです。氣のエネルギーは物質界に関与していて、氣を感じるレベルに到達するだけでも素晴らしいことです。しかし松果体の機能はそこに留まりません。松果体の機能がさらに精妙になると、より高波動領域のエネルギーをキャッチすることができるようになります。高次元の存在と交信でき、チャネリングができるようになるのです。つまり、霊的能力の覚醒に至るには、松果体の機能を開き、氣を感じる能力を開花することが第一歩です。

ちなみに、チャネリングというのは高次の存在とつながり、メッセージを降ろしたり、過去世を見たり、未来を予知したりすること。高次元のエネルギーを受信することで、その能力を活かすことができます。

恋愛願望が成就しなかった青春時代

私の祖母はとても信仰熱心な人でした。一日中「南無阿弥陀仏、南無阿弥陀仏」「有り難や、有り難や」と念仏を唱える人でした。私が小学6年の時に、我が家に祖母が来て、一緒に布団を並べて寝ました。そのときに私は、祖母に一つ質問をしました。「おばあちゃん、この世の中に神様はいるの」と。すると間髪を入れずに「馬鹿者!」「くだらない質問をするな」と一括されてしまいました。懐かしい思い出です。

人間の成長過程で7年＋7年の2段階を通過し、最後の7年目を迎えると、人は過去生から蓄積された情報や、今生の魂のテーマというものがダウンロードされます。ですので、人は15才ごろから興味あるものに目覚めたり、自分の資質に気がついたり、また将来の方向性が見えてきたりするようになります。

私が中学生のときは、恋愛がしたくて仕方がなくて、恋愛に憧れ、ジュニア小説ばかり読んで過ごしました。高校生になってからは「愛とは何ぞや」ということを考えるようになり、文学にそれを求めました。高校時代は3日に一冊本を読むと決めて、とにかく読書三昧の日々を過ごしました。

そのころから私は、宇宙の神秘と神の創造の妙味に感動するようになり、そして色々と本質的なことに目覚め始めていました。

日本がこれから精神文明の中心的な役割を担い、物質文明と精神文明、西洋と東洋を統合する国になると、うすうすわかり始めました。そして私の口から出る言葉が、「人類救済のために生きる」でした。なんとも高邁《こうまい》なことを夢想する高慢な自分でした。

高校を卒業し、芸術系の大学に入りましたが、そのころには性が人類の幸せの核になるということに気づき、いずれは性のことを扱うのだろうと思っていました。そしてなぜか「自分は救世主メシア」かと、思うこともありました。世間知らずもいいとこですね。

私は彼女がほしくて仕方がなく、中学3年、高校3年、大学4年の計10年間、恋愛に憧れていました。しかし恋愛が成就することはありませんでした。一度も恋愛することなく、虚しく花の青春時代を過ごしました。

高校生のときから文学三昧で、音楽はバッハやヘンデルを聴き、ミケランジェロのすごさに驚嘆していた自分だったので、女性とデートしても価値観が合わず、一瞬にして熱がさめてしまう。それを何度も何度も繰り返しました。

女性と愛し合うセックスもしたかった。しかし、その願望も叶わないままに過ぎていった青春時代でした。

7つのチャクラと成長段階

さて、先に書いたとおり、人間が成人として完成するのに3つの段階を通過します。それと合わせて、人間が成長して神に至るには、7段階を通過する必要があります。これは人間の7つのチャクラとリンクしています。

第1チャクラは女性器のあたりに存在します。生命と生殖がテーマです。

第2チャクラは下腹部のあたりに存在します。恐れや痛みなどの負の感情がテーマです。

第3チャクラは胃のあたりに存在します。様々な人間の感情がテーマです。

第4チャクラは心臓のあたりに存在します。愛し愛される経験がテーマです。

第5チャクラは喉のあたりに存在します。創造と自己表現がテーマです。

第6チャクラは眉間に存在します。真理の目覚めと霊性の開花がテーマです。

第7チャクラは頭頂に存在します。神への覚醒がテーマです。

人間として究極のテーマは、進化成長を通して神に至ることです。人間は、突然に人間になったのではありません。何万回という転生を繰り返しながら、動物から人間に進化成長を果たしたのです。人間に至るまでには色々な動物を転生してきました。昆虫・は虫類・鳥類・魚類・ほ乳類と。その過程を経て、今に至ったのです。様々な経験を通して魂の成長がもたらされ、ようやく人間にたどり着いたというのが正解です。しかし、人間になったからといって、すぐに完成するわけではありません。

ここにも成長段階があって、下から上に上がって、人間として成長していく過程が必要です。その成長段階が、チャクラの意義とリンクしています。

第1段階は、まずは生きるということを学ぶのが人生のテーマです。過酷な環境でも生き抜く経験から、人生を学び成長していきます。そのようなテーマを持った魂は、貧しい国に生まれる傾向にあります。

第2段階は、負の感情を経験して、魂の成長をもたらすことがテーマです。豊かさや愛を理解するには、まずはそれとは逆の負の感情の経験が必要になります。その経験があってはじめて、愛と喜びの価値が理解できるのです。そのようなテーマの魂は、戦争紛争地や、言論の自由のない環境に生まれてきます。

第3段階は、様々な人間関係を経験することがテーマです。様々な環境で社会生活を送ったり、ビジネスマンとして経済活動に励んだりと、文明社会で人生を楽しく生きることになります。

第4段階は、愛し愛されることがテーマです。親子の愛。男女の愛。友人との愛。人類愛。自然との愛。神の本質はまさに愛です。この段階で様々な愛を経験していきます。そして深い愛の世界が理解できる魂に成長していきます。

第5段階は、自己創造と自己表現がテーマです。人間として愛の人格を築いたあと、自らの資質と才能、能力を発揮して、豊かな人生の喜びを経験していきます。

第6段階は、真理の目覚めと霊性の開花がテーマです。人間として最終段階の学びです。この学びを通して超能力が開花するなどして、自分の思い通りの人生を生きることによって、最終段階の肉体を持った人生を経験します。

第7段階は、自らが神になることがテーマです。全ての学びを終えて、「我、神なり」という悟りの境地に至ります。これをもって人間として卒業する段階です。さらなる神の領域にエネルギー体として昇華することになります。

以上が人間の基本的な成長過程です。これはあくまでも基本です。人間は複雑です。人はそれぞれに、自らの成長のテーマに合わせて、複合的にこの7段階のテーマを通過するのです。

ちなみに、すでにこの段階を通過した魂もあります。神としての進化を遂げて神領域に至った魂の宇宙人です。彼らは再び負のアトラクションの世界を味わいたいと思って、三次元世界の地球に降り立った魂なのです。

人間の成長は複雑です。各人それぞれの魂は、複雑に成長のテーマを絡ませながら、人生を経験しています。これがある意味、地上で人間が営みを持つ妙味なのかもしれません。

また、今生において、自分の人生を呪い絶望するほどに、苦悩の人生を歩んでいる人がいます。そのような人の人生に関わると胸が痛みます。同情を禁じ得ません。しかし視点を変えれば、このような人は、勇気ある魂なのです。

この世には偶然はありません。そのような境遇を経験するのは、自らが選択をしているきらいがあります。この経験がオセロの駒のように、黒から白に反転したときには、何十倍もの深い喜びを手にすることになるからです。

また、魂の成長が一気に加速することになるのです。まさにこのような人は、自らの魂の成長を求めて、あえて果敢に火中の石を拾って、苦難の世界を味わっている可能性があるということです。

子どもはバッハを聴いて感動し、涙を流すでしょうか。感動の映画を観て、こころを振るわせるでしょうか。子どもはまだ魂の成長レベルが低いので、喜びの感性も高くはありません。アンパンマンやディズニーのアニメを見て喜ぶ程度です。しかし魂の成長と霊性が高くなれば、感動と喜びは深くなります。人生の深い味わいを堪能できるのです。

第4章

神と宇宙の存在目的を知ること。それが女神としての覚醒への道

キリスト教がもたらした性に対する罪悪観

宗教は人が幸せになるための教えを説いています。民衆は宗教を信仰することで幸せになることを願っています。しかし、人は宗教を信仰することで、本当に幸せになれるのでしょうか。私は疑問を持っています。

確かに宗教は、人に真理を説き、人に正しい生き方を説いています。その教えの95％は人の魂の成長に貢献しています。しかし、残りの5％に毒が盛られているのです。その毒とは、セックスを否定することです。

神によってもたらされた最高のギフトは何でしょうか。それは、愛し愛されることを体現し、陰陽和合を成就するセックスです。セックスこそが男女が和合する愛の行為であり、人間が神となっていく行為なわけです。その行為を宗教は否定し、無視してきたのです。

三次元という物質世界は、陰と陽が調和し、統合しています。しかし、人間だけが分離しています。それはなぜでしょうか。もともとは陰陽和合の喜びを得るための神のギフトであったセックスを、宗教が汚れたものとして否定し、罪意識を持つように人々を洗脳してきたからです。男女の愛を否定し、陰陽和合が成就できないように分離する役割を、宗教こそが担ってきたわけです。

その筆頭が、キリスト教です。今の世界は、西洋文明が席巻しています。その文明の根底には、キリスト教があります。聖書を開くと、2ページ目の第3章に「失楽園の物語」が書かれており、その内容は以下の通りです。

——エデンの園には善悪を知る木の実があり、アダムとイブは「この実だけは取って食べてはいけない」と神に命令されました。にもかかわらず、イブは「この実を食べたら目が開かれるよ」と蛇にそそのかされ、その実を食べてしまいます。そして、アダムにも食べさせたわけです。すると2人の目が開かれて、自分たちが裸であることに気づきます。恥ずかしくなって、木陰に隠れてイチジクの葉っぱで股間を隠したのです。

神は「なぜ私の命令を破ったのか」と問い正します。するとアダムは、イブが勧めたからだと言い、イブはヘビが勧めたからだと言います。神は「この楽園から出ていけ。おまえたちはこれから苦しい人生を歩むのだ」と激怒し、2人は楽園から追放されます。実は、イブを誘惑したヘビは知の天使長・ルーシェルであり、この行為によってルーシェルは地に堕ち、サタンとなってしまったのです。

要は、自分たちは裸であることに気がついて股間を隠したことから、木の実を食べた行為は、セックスを暗示しています。

人間はセックスによって堕落し、神から離れてしまったということで、キリスト教ではセックスが原罪とされました。

つまり、キリスト教によって、セックスに対する強烈な罪悪観や羞恥心というものが人々に広く植えつけられ、それが綿々と続いてきたのです。

キリスト教においてのセックスは、子どもをつくる行為のみが認められ、快感を得ることは罪になります。だからマスターベーションも罪であり、神への冒瀆《ぼうとく》になるのです。カソリックにおいては、正常位以外の体位は全て罪です。避妊もしてはいけないという厳しい規律があります。また、イスラム教においても、やはり性に対して非常に厳しい戒律があります。

仏教においてはどうでしょうか。聖職者は妻帯してはいけないし、性に対しては触れないようにしてきました。

これらは明らかに宗教による洗脳です。しかも、第一級の洗脳です。性に対する罪悪観を持たせることで、男女の関係を破壊し、神に至れないように覚醒の道を妨害してきたのです。

性が否定されてきた根源的な理由

宗教によって性が否定されてきたこと、これには大きな理由があります。それは、地球における人間は、原始時代を経て、チャクラで言うところの第二段階の負の世界を経験する必要があったからです。第二段階は、負の感情の経験がテーマ。実は、宗教がその役割を担ってきたのです。

しかし、これにはもう一つ、深い背景があります。それは負の感情を経験すべく、闇の役割を担った宇宙人たちが、人間に干渉してきたということ。レプテリアンと言われる爬虫類種族の宇宙人たちが、人間の心をコントロールし、人間を支配してきた歴史だったのです。

いずれにしても、宗教が原因で不幸が生みだされてきたのは事実です。ヨーロッパの歴史を見ると、十字軍による宗教戦争がありました。聖地奪還という名目で、イスラム教徒と戦争を繰り広げたのですが、キリスト教以外は邪教であるという価値観のもと、男はおろか、女や子どもも、家畜までも皆殺しにするほどの残虐を極めました。

また、中世は暗黒時代と言われ、魔女狩りがヨーロッパ全土を席巻しました。魔女裁判には教会が関与していました。それで亡くなった人は何十万とも何百万とも言われています。

さらに、スペインやイギリスは世界に進出し、あらゆる土地を植民地にしていきましたが、その一翼を担ったのもキリスト教でした。宣教という名目でまずその地に入り込み、その後に軍隊を送り込みます。そして、その先住民を虐殺して、金品財宝を略奪するということを繰り返してきました。神の愛を説くキリスト教が、悪魔に支配された時代だったのです。

信仰熱心な信者であればあるほど、不幸になるという現象が起こりました。人間は堕落によって神から離れた罪深い存在であるというのが、キリスト教の基本的な教義です。信仰に熱心な人ほど、自分を罪人であると言い聞かせます。本来、人間は神そのものです。自分を罪人だと思い込むことで、自己を否定し、自分が神であることを否定します。否定すればするほど神から遠ざかってしまう。つまりは、信仰が深ければ深いほど、神から遠のき、愛の存在から遠のき、不幸になっていくのです。

ちなみに、天下泰平と言われた日本の江戸時代。百万人都市の江戸の町においては、ほとんど犯罪がなかったと伝えられています。治安が安定し、民衆は平和に過ごしていたのです。

江戸時代、伊勢神宮に参拝に行くことが当時の流行でした。伊勢神宮には年間100万人が参拝したと言われており、女性の一人旅でも安全だったのです。

なぜなら、民衆による様々な防犯対策や取りしまりが行われていたことと同時に、日本神道の信仰が彼らを支えていたからです。神道では、「祓いたまえ、清めたまえ」というシンプルな儀式を行うだけで、教義は何もありません。ただ、お天道様に手を合わせて祈るだけ。お天道様に顔向けできないことをしないようにと、日々、心がけて生きるだけでした。宗教がなくても幸せに生きることができることを、日本では古くから実証されていたのです。

これからの新たな時代の変革の中で、日本人が先駆けて覚醒していくことで、日本が中心となって世界の平和に貢献していくのではないかと思います。まさに日本はそのための国家として、長い歴史をとおして準備されてきたのではないかと私は感じています。

一方、アフリカのある地域では長きに渡って、とある風習が行われてきました。それは、少女のクリトリスを切除するという女性器切除の風習です。それがずっと続いてきました。なぜそのようなことが行われてきたのでしょうか。

原始キリスト教の、局部で罪を行ったという価値観が、背景にあったからかもしれません。しかし、もっと深い理由としては、第二成長段階にある地球において、女性の目覚めが許されなかったからではないでしょうか。クリトリスは松果体を開く核です。陰核の刺激をとおして、女性に目覚めがもたらされる可能性があったため、その可能性を封印するために、性器切除という風習が始まったのだと考えています。

性エネルギーが松果体を開く根源のパワー

「生命エネルギー」と「性エネルギー」は同種類のエネルギーです。生命エネルギーは丹田に蓄えられ、人間が生きていく上で、とても重要なエネルギーとなります。そのエネルギーが土台となって、各チャクラをサポートします。生命エネルギーは、ふだんは生きる力として人間の生命を維持し、原動力となって創造活動をもたらします。しかし、この生命エネルギーが弱いと、チャクラの機能を発揮することができません。どれだけ天才的な才能を持っていても、その才能を充分に活かすことができません。また、霊的能力（第6チャクラ）の開花も難しくなります。

さらに、生命エネルギーは性的なかかわりを持ったときに、周波数が変調し、性エネルギーに変換されます。この性エネルギーが松果体を開く源となります。

人間は21歳で基本的に完成します。そして、男女のまぐあいが始まります。それまでは男子、女子として、性的にはつぼみの状態でした。しかし21歳で人間として完成すると、ここでようやく男女のまぐあいによって性の開花がもたらされるのです。

その時期までに充分な性教育と技術指導を受けた男女が、期待をふくらませて、性行為に至ったときに、蓄えられた膨大な生命エネルギーが性エネルギーに変換され、そのエネルギーの爆発によって女性に光源絶頂のオーガズムがもたらされます。そのエネルギーが松果体を通過することによって、松果体の機能が開花し、それによって女性の霊的能力が開かれ、覚醒していくのです。

地上では、様々な電波が空間を飛び交っています。テレビや携帯電話はその電波を受信し、情報を受け取ることができます。しかしこの空間には、それよりも精妙で高波動のエネルギーが存在しています。三次元を超えた、高次元のエネルギーです。そして、この地上にエネルギー波動として降り注がれているのです。

松果体は、実はそのエネルギー波動を受信する器官なのです。松果体の機能が開かれることにより、高次元の波動を受信できるようになります。また、松果体の機能の開花レベルによって、波動を受信できる領域が変わります。

高次元の波動とは、神々のエネルギーであり、宇宙の叡智でもあります。チャネリングとはそのエネルギーを受信することなのです。

セックスという行為を通して、生命エネルギーは性エネルギーに転化し、松果体を開いていくというのが、本来、人間が歩む順調な成長過程でした。しかし、私たちはそういう成長過程を物の見事に破壊してきました。

本当は、セックスを行うまでに人間として完成されていなければならないにもかかわらず、精神的にも成熟していない状態で21歳を迎えてしまいます。また本来は人間が完成されるまでに、愛とセックスの技術教育を充分に受けて、初体験を最高の形で迎えるようになっていなくてはいけません。しかし、それらが完全に抜け落ちています。そのため、女性が覚醒に誘われるどころか、ジャンクセックスで女性の潜在的能力と可能性を破壊してしまっているのです。

三次元の存在は神の自己認識のためにある

最近ようやく、女性に対して「女神」という表現を使うことが当たり前になってきました。ただし、女神とはいっても、だいたいが輝く女性の代名詞として使われています。しかし私が言う女神とは、まさに女の神そのものです。

女神という言葉を使う以上は、「神とは何ぞや」という神の定義をまず明確にしないと、本当の意味で女神を定義することはできません。

宗教において神の定義は様々です。ここで私の神の定義を提示しておきます。

神とは、無限の意識であるということ。無限の魂、無限の心と言ってもいいかもしれません。無限の意識、無限の魂、無限の心というのをもう少しひも解くと、そこには知と情と意という3つの要素があります。知は思考を司り、情は感情を司り、意は意志を司ります。この3つが無限の意識として、宇宙に存在しているわけです。

この「意識」についてですが、人間として自分の耳を塞ぎ、目をつむり、鼻を閉じ、口を閉じ、皮膚感覚を閉じたらどうなるでしょうか。真っ暗闇の状態です。まったく外界の情報が入らず、自分を認識することはできません。意識だけが暗闇に存在します。神も無限の意識として存在しているわけですが、理屈は全く同じです。神も意識だけだと、真っ暗闇な状態の中で、自己認識できないのです。

　神には唯一の願いがあります。それは「自己を認識したい」という願い。つまり、自分を知りたいということです。神は無限意識であるとともに、無限の叡智、無限の感情、無限の意志を持っています。でも、意識だけでは神として自己を認識できません。自己を認識するためには、対象が必ず必要となります。

　神が自己を認識するためにはどうしたらいいでしょうか。ここに、三次元という物質世界が存在する理由があります。神は自分をかたどった、自分と瓜二つの存在である人間をつくり、三次元の中で自分を経験する。それが神の願いだった。だから神は三次元世界を創りだしたのです。

　神は自分と完全に同じものとして、人間をつくりました。ですから、人間の本質を追究すると、神の本質がわかるわけです。

　では、人間の本質を追究すると、何が見えてくるのでしょうか。それは自己愛です。そして何よりも幸せを探求します。これが人間の根源的欲求です。

ということは、神も同じなのです。神は何よりも自分を愛する、自己愛の存在です。だから神は愛なのです。そして幸せを探求することも、神の本質です。「幸せ」を言い変えれば「喜び」です。人間が、喜びを得るために生きる存在であるということは、神もまた喜びを求める存在なのです。

喜びは欲望を実現することでもたらされます。自己を愛する欲望。自己を認識する欲望。自分を感じる欲望。自分を経験する欲望。この全ての欲望を実現して喜びを得たいというのが、神の根源の動機にあるのです。

たとえば、音楽の父バッハ。彼は音楽家として天才であり、彼の意識の中には神聖な素晴らしい音楽のイメージが詰まっています。でも、それだけでは自分が持っている音楽を認識できません。それを認識するには、楽器が必要です。楽器を演奏する人が必要です。そして、それを鑑賞するオーディエンスが必要です。それら全てが揃って音がこの世に表現されたとき、自分の意識の中にあった音楽を自身で鑑賞することができ、自分の才能を認識することができるのです。まさにそれこそが喜びとなるわけです。

だからこそ、三次元の物質世界が必要になります。この三次元は神の一つの側面です。無限意識と物質世界が合わさって、神なのです。

ここで改めて女神を定義すると、女神とは、三次元における陰の要素を備えた女性が、三次元世界で、自己を神として認識し、愛と喜びを経験する存在と言うことができます。

無限な神の意識を顕在化した宇宙

今までの一般的な神観によると、神は創造主であり、森羅万象は神の被造物という価値観でした。人間は神によってつくられたものとして、天を仰いで神を崇める立場にありました。これは二元論的な捉え方です。

しかし、神は自らの無限意識の全てを、三次元の物質世界に顕在化させました。鉱物も、植物も、動物も、美しい自然も、神の側面を分身として、形あるものとして存在させたのです。神は宇宙に存在する全て。銀河系も太陽系も地球も、鉱物、動植物、人間も。全てを構成している分子も原子も素粒子も神なのです。神でないものは宇宙には存在しません。神の無限性の中に宇宙全てが存在する、という一元論的な捉え方です。

そういう捉え方をすることで、初めて神の存在も宇宙の存在も、その謎が解けるわけです。日本神道では、山も川も木も、全て神として崇めます。そういう意味では、日本神道は本来の神観に一番近いのだと思います。

また、神は自分を経験したいと考えています。神は無限の意志の中で、三次元で無限の経験をしたいのです。この宇宙にも地上にもいろいろな経験が潜んでいます。空を飛びたいとか、海に潜りたいとかもその一つです。だから、この世の中のありとあらゆるものは、アトラクションのように存在しています。そして神は、美しい花になったり、荒々しい海になったり、鳥になって空を飛んだり、魚になって海の中を泳いだりする経験をしているのです。

全ては神の経験なのです。

また人間も、神によって創造されたのではなく、神自身の意志で人間として存在した。これが正しい理解です。つまり、人間は被造物ではなく、神自身そのものの現れです。

ユダヤ教、イスラム教、キリスト教、仏教、ヒンズー教等々、様々な宗教がありますが、それらの神は、人間の都合によってもたらされたものです。もしあなたがなんらかの信仰をお持ちなら、一度、従来の神観を手放してください。そしてぜひシンプルな神観にリセットしてください。ここが曖昧《あいまい》だと、神と一体化し、女神として覚醒することはできません。

ただ、この真実を単に「信じる」という考え方はダメです。「信じる」は、「信じない」の裏返しだからです。たとえば、「重力の存在を信じます」というのはおかしな表現であり、重力の存在は信じるか信じないかではなく、すでにあるものと知っている状態です。

「私は神なんだ」「私は女神なんだ」と私は知っている状態。このようにならないと、本当の覚醒の領域には入れないし、女神にはなれません。

もう一つ、神の重要な定義があります。それは、進化成長するというのも神の本質であるということです。神そのものは、停滞しているわけではなくて、絶えず進化成長しています。だから、宇宙も地球も、ずっと無限に進化成長し、拡大しつづけているのです。

人間もまた、成長したいという欲求があります。そして、進化し成長した究極の先に、根源の神に至るのです。

第5章

陰陽和合は女性が女神に至る最短最善の道

愛や感情を経験するためには「対象」が必要

三次元世界は、陰と陽に分離した相対関係によって存在しています。右と左。表と裏。上と下。高い低い。大きい小さい。硬い柔らかい。熱い冷たい。有と無。肯定と否定。敏感と鈍感。緊張と弛緩。陽気と陰気。幸と不幸。生と死。善と悪。……挙げたら切りがありません。

三次元の物質世界では、この陰陽の無数の組み合わせによって、全てのものが存在しています。無限の空間に存在する星も、地球上に織りなす美しい自然も、そこに生息する植物も動物も。そして人間も。全てが陰陽の和合と統合と調和によって存在します。三次元はまさに無限意識が陰陽に発露した神の世界なのです。

神はその世界で経験したいのです。しかし神がどれだけ愛の存在であっても、愛を発露する対象がなければ愛を経験できません。神が人間として存在することで、自然や植物の美しさに感動して愛する経験ができるのです。可愛いネコやイヌを飼うことで愛することを経験するのです。恋愛して彼氏と交際することで、愛し愛される経験をするのです。どれだけ自分が愛のある存在だといったところで、対象がなければ空気と相撲をとるようなものなのです。

愛だけではありません。怒りも嫉妬も楽しみも喜びも。全ての人間が織りなす感情は、対象があるから経験できるのです。その意味で三次元は何でも経験できるアトラクションの世界なのです。そのような視点に立ったとき、地上に肉体を持って生きることが、どれだけ貴重なことでしょうか。地上に生きることが感謝となるのです。

許しも愛のカタチです。「許す」という愛の経験をするためには、許すための何らかの現象がなければなりません。たとえば、自宅に遊びに来た孫が騒いで、床の間に飾ってあった1億円もする高価な壺を割ってしまったとします。当然、大切なものを壊されたのですから、怒りが爆発します。抑えがたい感情が爆発します。実はその状態になったときに、初めて許すということが経験できるのです。

オリンピックで金メダルをとるのも、競争相手がいるからです。神はあらゆる全てを経験したいのです。その経験を人間という魂の乗り物に入って、神は経験するのです。

ところで神にとって最高の経験は喜びです。では人間にとっての最高の喜びとは何でしょうか。それが男女の陰陽和合によってもたらされる喜びです。ズバリそれはセックスです。男女の肉体の形状は違います。男性を象徴するペニスは凸の形状で、入れる機能です。女性を象徴する膣は凹の形状で、入れられる機能です。すなわち男性は入れることで喜びを覚える経験をします。

女性は入れられることで喜ぶ経験をするのです。男性は女性が官能することで喜びを得る経験をし、女性は愛されて官能することで喜びを得る経験をするのです。お互いが存在することで、愛し愛される経験をするのです。

これによって神は、愛し愛される経験を、人間を通して経験するのです。

この神観を今一度しっかりと腑に落としておく必要があります。

女性は無限に愛と喜びを享受するエネルギー体

地球上に生息する植物の種の数は、推定約30万種とされています。また動物は約700万種以上の種が存在すると考えられています。

既に述べたように、神は無限意識として存在しています。自分を知りたい。自分を感じたい。自分を表現したい。自分を経験したい。この現れとして、神は三次元世界をもたらし、この地球において植物として、また動物として顕在化しているのです。

バラという一つの品種だけでも数万種存在します。また蝶々も数万種存在します。無限な神はこのようにして自己を具現化しているのです。

ちなみに神の一番の本質は喜びであり、喜びこそ一番の願望です。人間もまた喜びを経験すること、そして喜びに生きることが魂と肉体の願いなのです。

喜びは欲望を実現することによってもたらされます。人間の欲望には二種類の欲望があります。物質的欲望と、精神的欲望です。

物質的欲望には以下の欲望があります。生存と生殖の欲望、快適な生活環境への欲望、社会的地位と名声への欲望、所有と富への欲望などなど。

精神的欲望には以下の欲望があります。成長と発展の欲望、自己啓発と知識獲得の欲望、成功への欲望、友人や家族・社会とのつながりの欲望、自己実現の欲望、自己承認の欲望、経験や知識の欲望、美と創造的表現の欲望などなど。

神は人間という肉体の乗り物を使って、このような多種多様な欲望を、経験を通して体現化したいのです。そして喜びを得たいのです。

電磁波は周波数帯によって性質が異なります。低周波は電気ですが、周波数が上がると、電波になり、可視光線になります。さらに高周波になるとX線、ガンマー線になります。電磁波と一口にいっても、周波数によって全く性質が異なります。

同じように欲望と一口にいっても多義的です。欲望をエネルギーとして見ると、低い欲望の領域から、高い領域に分布されます。その欲望の中で最上位に位置するのが、愛なのです。愛し愛されることを経験するのが、神にとって喜びの一番の欲望なのです。だから人間もまた愛し愛される欲望が一番の欲望となるのです。そして愛し愛される最高の関係が、男女であり、その行為がセックスなのです。

だから女性は男性から愛されるように全身が性感帯なのです。だから女性は愛撫されることで究極の喜びである光源絶頂のオーガズムを、体感できようになっているのです。

何度も繰り返しになりますが、女性はセックスを通して、無限に愛と喜びを享受する女神としての生命体なのです。

高次元存在における宇宙人のセックスとは

無限に存在する宇宙。この無限という世界を、通常の思考では理解できません。また無数に存在する星と、宇宙の彼方を考えると頭がおかしくなります。また死後の世界も、神々が存在する高次元の存在も、常識では理解できません。宇宙人という存在も、理性では理解できても、よくわからないのが正直なところです。

自分自身が、時空間を越えた４次元や多次元の存在になれば、わかるのかも知れません。しかし三次元という限定された空間にいる私たちには、なかなか無形世界のことを理解することは困難です。しかしある意味、それを知ってしまったら、三次元にいる理由がなくなるのかも知れません。

スピリチュアルに関心を寄せる人になると、多少は常識人とは価値観を異にします。宇宙人に対しても、理解を示すことができます。シリウス・プレアデス・アルクトゥールスなどの宇宙人に対して、共感を覚える人もいるかと思います。

物質的存在としての宇宙人が、UFOの形で地球上空から地球を守っているという話を聞きます。魂として人間のカラダに宿って、地球の進化をサポートしているということも聞きます。または他の銀河系から宇宙旅行の過程で、人間の肉体に入って、アトラクションを楽しんでいる宇宙人がいるとも聞きます。要はこの世界は何でもありの、想像を超えた世界だということです。

私がある女性とセックスをしているときのことです。彼女が騎乗位になって腰を振っているときに、ライトランゲージ（光の言語）を口走りながら、両手を上げて、踊りだしたのです。上空を見上げながら楽しく踊っているのです。「どうしたの」と聞くと、「今、宇宙人が私のカラダに入って一緒に官能しています」と答えるのです。聞くと3人の宇宙人が入れ替わりながら、地球人のセックスを体験しているということでした。

また別な女性と、神事としてセックスをしていたときのことです。彼女はチャネリング能力の開かれた女性で、高次元の神々のメッセージを受信したり、龍神が上空を舞うビジョンを観たり、美しい光のイルミネーションを観たり、過去生のリアルな映像を観たりと、霊的能力の開花した女性です。

その彼女が「今この場所に宇宙人が3人来ていて、私たちを見ている」というのです。以前にも彼女が、多くの宇宙人が、対陣を組んで、私たちに敬礼しているビジョンを観たことがありました。また神々が円陣を組んで、天上からこちらを眺めているということもありました。

今回はグループで宇宙人が部屋にいるというのです。そこで彼女から「何しに来たの？」と聞いてもらいました。すると彼らは「人間のセックスを観察するために、地球に来たんだ」と言うのです。それで「わかりました。それだったら、私たちのセックスをぜひ見てください。その代わりあなたたちのセックスも教えてよ」ということになり、しばらく私たちはセックスを再開し、官能の世界に浸りました。

終わった後、「どうだった?」と聞いてみました。すると「地球人のセックスはすごくいいいね。楽しいね。快感の深さも全然違うね」と言うのです。「それはそうでしょう。三次元ですから。君たちのようにエネルギー体とは違うんですよ」と、私は自慢げに話しました。そして「ちなみに、君たちのセックスはどうなの?」と聞いてもらうと「私たちのセックスは一瞬です。第6チャクラをピッとつなげて終わりです」と。内心「えっ、それだけ?」「つまらないな」と思いました。

高次元の存在は、時空間を超えたところにいるエネルギー体なので、肉体的なペニスや膣があるわけでもなく、陰陽和合といっても、エネルギーが一体化するということで、一瞬で終わってしまうのでしょう。「やはり三次元は良いな」と、私は三次元の存在理由と意義を改めて認識したわけです。

男女の所有概念が苦悩をもたらす

テレビドラマにおいて、男女の愛は普遍のテーマです。そのなかでも、不倫を扱ったテーマは多くあります。不倫された側は、嘆き悲しみ、そして激怒し、そこで様々な男女の愛憎の人間模様が展開します。

お昼のワイドショーでは、芸能人に不倫が発覚すると、カメラの前でこれでもかと人民裁判のように糾弾します。そして謝罪会見では、当事者が涙を流して頭を下げる姿をクローズアップします。

このようなテレビを無意識に見ていると、知らず知らずの内に「不倫は悪」という価値観が刷り込まれます。そして不倫した側を糾弾するのは当然の権利となり、司法に訴えて慰謝料を請求したりします。今の日本はそんなご時世になっています。

アフガニスタンのようなイスラム教の原理主義国だと、女性の人権は認められていません。もし女性が親の認めない男性とセックスしたら、家の名誉を汚したとして、娘は父親に撲殺されます。今の時代でも、そのようなことが当たり前に行われる国もあるのです。

「不倫は悪」という社会の共通認識がある反面、男が浮気をすることを容認する風潮があります。まさに矛盾した社会です。ところが、先に述べたように、近年ではSNSの普及によって、主婦や女性が気軽に不倫をするケースが増えているように思います。建前と本音が大きく乖離してきています。

改めて考えてみたいのですが、不倫は本当にいけないことなのでしょうか。江戸時代の農民や縄文時代の人々は、どうだったのでしょうか。実は彼らはセックスを自由に楽しんでいたのです。実は婚姻制度は、人間の都合で作られたシステムなのです。

婚姻制度ができた背景には、人間の所有概念が生まれたことに起因していると考えられます。原始時代を経て、人は家畜や領土・財産を手にするようになります。すると折角自分の代でつくった財産を、自分の死で、手放さなければなりません。そのことを恐れたのです。なんとか折角つくった財産を守りたい。そこで自分の財産を、子孫に継いでもらいたいと思うようになるわけです。そうなると自分の種を宿した女性が、他の男性ともセックスすると、誰の子かわからなくなります。そのことから女性に対して、他の男性とセックスをすることを禁ずるという契約を結ぶわけです。これが婚姻制度のできた理由です。

キリスト教においては、神のもとで誓った愛は永遠でなければいけない。そのような理想的な価値観から、カソリックの教義では離婚を禁じているのです。

自分の命は唯一、自分のものです。自分を所有し管理していいのは自分だけです。人に所有されるものではありません。そして他者を所有するものでもありません。人の存在を完全に認めること。相手が何をしようが、自由なのです。相手の自由を侵害することは、お互いに苦悩を招くのです。相手を所有しようとするから、不倫されると愛を奪われたと錯覚し苦悩することになるのです。男女間の所有概念を手放す。人間が神に至るには、これが最終的な人間の課題です。

その意味で女性が女神に覚醒するためには、所有概念を手放す意識領域に至ることが必要です。三次元で刷り込まれた価値観を手放し、神意識になることが求められるのです。もし相手が不倫したとき、どう対応すればいいのでしょうか。怒りを相手に向けるのではなく、愛の関係を維持できないのなら、静かに彼から去ればいいのです。いつまでも悲しみに浸るのは執着でありエゴの現れなのです。

日本人の大らかな性文化

かつての日本の性事情はどうだったのでしょうか。江戸時代には270ほどの藩がありました。その藩に城下町があり、それ以外はみな村々です。全国に約6万6000の村が分布していました。ちなみに神社は日本に約7万7000あります。村の数とほぼ比例しています。

昔の村には地主さんがいて、あとは小作人です。小作人は自分の所有物というものはありません。あるのは寝起きできる、質素な小屋ぐらいのものです。過酷な農作業の中で、村人たちにとって、唯一の楽しみは何だったでしょうか。それはセックスでした。当時は夜這いの文化が存在していました。女性の寝込みを狙って、村の男衆がセックスをするという風習です。それが自由に行われていたのです。

また村で行われるお祭りでは、踊り明かした後、無礼講で、神社の裏などでセックスが繰り広げられます。好き放題に男女がまぐわい合ったのです。ちなみに不特定の人とセックスして生まれてくる子は、どうしたのでしょうか。それは村の働き手として、村の社会の中で育てたのです。

その当時、男子は15歳前後で元服《げんぷく》という成人になったことを示す儀式を行い、その際に、筆おろしの風習がありました。元服をした子どもたち一同を、村のお堂に集めて女性とまぐわうのです。その人数分だけ女の人が集められ、くじ引きで相手を決めてセックスを体験するわけです。初体験の相手はくじで決めるので、お姉ちゃんとかお母ちゃんが相手ということもあったといいます。

女性の33歳は厄年です。厄落としにも、興味深い風習がありました。女性は人気のある神社に参拝にいきます。そのとき女性は神社の近くで男の参拝客をナンパし、そして近くの宿屋でセックスをします。そこで頂戴したお金をお布施として神社に捧げて、厄を落とすというのです。

また神社には、ペニスとか女性器のご神体が祀られていました。性に対して手を合わせて祈ったのです。当時は全国の約85％が農民です。その村々でこのようなことが行われていたのです。これが日本の性文化でした。

では都市部ではどうだったのでしょうか。武士は自分の家系をつながなければいけないので、妻の不貞は決して許されませんでした。また家業を継ぐ必要のある家では、婚姻制度がしっかりしていました。しかし男子を産まないと、離縁ということもあったようです。

ちなみに、縄文時代はもちろん結婚の制度などなく、まさに所有概念のない社会でした。気に入った者同士で自由にセックスをしていました。性に対してとても大らかな民族だったのです。

実は、日本においてまぐわいは神事でもあったのです。『古事記』にあるように、日本はイザナギとイザナミとのまぐわいによって産みだされた国です。天照大神が岩戸に隠れたときに、アメノウズメが裸踊りをしたという言い伝えもあります。

天皇が即位の礼の後に行う大嘗祭。そのときには中央殿の真ん中に象徴的に布団が置かれているのです。これはまさにまぐわうことを意味しています。これが日本の伝統なのです。

有名な民俗学者に柳田國男さんがおられますが、日本の性事情に関してはほとんど触れていません。日本の性文化を恥と思ったからでしょうか。西洋的価値観から見れば日本は劣った民族という見識だったのでしょうか。いずれにしても、江戸までの性文化についての資料は、ほとんど残されていないのが実情です。

なぜこのような話をするのかというと、女性が女神になっていくためには、今までの性に対する罪悪観や羞恥心を手放さないといけないからです。セックスは神聖なものである。性は神事である。性は人々に幸せをもたらす根源である。女性が女神に至るためには、このような価値観に変換する必要があります。セックスに対する洗脳から解放されましょう。

神セックスが世界を幸せにする

陰陽和合をもたらすセックスは、男女に愛と喜びをもたらす神聖な行為です。この真実を今まで闇のパワーによって封印されてきました。

今まで私たちはセックスに対して、恥ずかしいもの、隠れてやるものと、どこかに罪悪観を持っていました。意識は現象化します。そのために罪意識を持ってするセックスには、それなりの現実がもたらされてきました。

その結果、人々はセックスを性欲の処理程度にしか理解できなかったのです。男性が主導権を握るセックスは、射精が目的の行為になります。ペニスを膣に挿入してピストンすれば、女性は喜ぶものと男性は勘違いしてきたのです。

そのため前戯は手抜きになります。のっけからのディープなキス。乳首をチロチロと舐めたあと、女性器を適当にいじる。濡れていることを確認すると、フェラをしてもらってからペニスを挿入。これが一般的な男性が行うセックスです。

女性はまだ受け入れの準備が整ってない段階で、ペニスが挿入されます。そして闇雲にガンガンとペニスで突かれます。男性はそれで女性は喜ぶと思って、ピストン運動に励みます。女性は痛いのを我慢して顔を歪めます。男性はその顔を見て感じていると勘違いします。女性は早く終わってもらいたいので、感じているふりをします。ようやく女性が気持ち良くなるころに、男性は射精してセックスは終了します。女性は置いてけぼりの状態で不完全燃焼。そんなセックスがずっと続きます。しまいにそんな無神経な男性や夫に嫌気がさして、セックスを拒否するようになります。これが一般的なセックスの現状ではないでしょうか。明らかに性に対する無知ゆえにもたらされた結果です。

もし、セックスは男女が愛し合う神聖な行為である、という認識に立っていたらどうなるでしょうか。女性はセックスを通して、愛される大切な生命体であるという意識を持っていたらどうなるでしょうか。女性はセックスを通して覚醒し、女神に至る存在であるという真実を知っていたらどうなるでしょうか。

女性の性メカニズムをちゃんと理解し、女性を官能に誘うことのできる技法を習得してセックスを営むようになるのではないでしょうか。男性は女性をこころから喜ばせようと努力するのではないでしょうか。

ところで日本の神道の儀式に、神事である巫女舞があります。もしセックスも同様に神に捧げる儀式として営むことができたら、どんなに素晴らしいことでしょうか。

全く違う世界が展開することと思います。そこからもたらされる結果も違ったものになります。なぜなら女性の喜びのエネルギーが満ちあふれ、愛に輝き、霊性が開花し、女神に至るのです。その影響は社会に波動となって伝播し、世界を席巻していきます。

今までは欲望を処理する動物レベルのセックスが蔓延してきました。しかし、真実なるセックスの意義と価値に目覚め、それが実現すれば、日本は愛の国として覚醒がもたらされるのではないでしょうか。聖なる神セックスによって、この世の中に幸せがもたらされるのです。

第6章

陰陽和合のまぐわいは
高次元の神々とつながる神事となる

3種類に分類される人間のセックス

人間という生命体を、3つに分けることができます。肉体としての人間、精神としての人間、そしてエネルギー体としての人間です。この3つが統合することで、人間として生命を維持し、三次元での活動を可能にしています。

ところでセックスを一括りにしがちですが、セックスもまた、3つに分けることができます。それは肉体におけるセックスと、精神によるセックスと、エネルギーとしてセックスです。

繰り返しますが、女性の肉体は全身が性感帯です。男性から全身を愛撫されるようにつくられています。女性は愛撫によって快感を享受し、喜びを受け取ります。ペニスと膣との結合で、まさに2つに分離した陰陽の肉体は一体化します。これが肉体によるセックスです。

次は、エネルギーとしてのセックスです。タントラセックスといわれるものです。性エネルギーは物理的刺激とは異なり、次元の違う快感を女性にもたらします。

ジャンクセックスではこの領域に至ることはできません。しかし性エネルギーというものを認識し、何らかのトレーニングでこの氣を扱うことができるようになると、今まで経験したことのない深い官能の世界に、女性を誘うことができるようになります。

この性エネルギーによる快感は、肉体でもたらされる快感をはるかに凌駕します。女性は光源絶頂のオーガズムを体験することができるのです。

私はプライベート講習で、男性にスローセックスを教授しています。女性にモデルになっていただいてのリアルな講習です。女性はクンニの実践で、喘ぎ悶えます。しかしイクにはそれなりの時間を要します。しかし男性に氣の愛撫の指導を行い、それを実践してもらうと、一瞬にしてモデルの女性はのけ反ってイッてしまいます。明らかに氣の性エネルギーによる刺激のほうがはるかに強大なのです。

氣で官能の状態に至るには、条件がいります。それは女性が氣を受信できる感覚が開いていることが必要です。つまり性感脳を司る松果体の機能がONになっていることが条件となります。

また官能に至るだけの性エネルギーが、女性の丹田に蓄積されていることも重要な条件です。そして男性が氣を意図して操作できることも大切です。この条件が整うと、氣のエネルギーは作動し、共鳴現象とエネルギーの爆発的な融合が起きて、光源絶頂のモードに突入するのです。この領域に至ると、遠隔セックスも可能になります。男性が送る氣のエネルギーで、遠く離れたところからでも女性を官能に誘うことができます。

次は、精神でのセックスです。これは好きな人と、肉体的なセックスを通して、愛し愛されることを共有するものです。ただ性欲の処理を動機にするとセックスは、精神部分でのセックスは欠如します。

今までの皆さんのセックスは、肉体の局部の性感帯の刺激による快感で満足するというものでした。しかし神さまが人間にギフトとしてもたらしたセックスは、そのレベルではありません。私はかねてより言っていますが、今までのセックスは幼稚園レベルです。本来はこの3つの要素が融合して行われるものなのです。それによってもたらされるセックスは、今まで経験したことのない究極の快感と愛と喜びの、神領域に到達することができるのです。

神事として行うセックス

実は3つの条件を満たしたセックスには、さらに上があるのです。それが神事としてのセックスです。スローセックスで開かれた女性は、肉体と松果体も開かれ、性エネルギーを受信できる機能が開かれます。するとさらに高次元の波動を受信できるようになります。それがまさにチャネリング能力です。

このような女性は、さらに高次元のセックスが可能になるのです。それが神事としてのセックスです。セックスを通して高次元エネルギーである神々とつながり、メッセージを降ろすのです。そしてまた、オーディエンスとして神々が、2人の和合を喜び、褒め称えるのです。

ではどのようにすれば神事としてのセックスを、行うことができるのでしょうか。基本的な方法をお伝えします。

男女が向き合い、信頼と尊敬と愛でつながった関係性を土台に、まずは2人が神事を行うと意図します。そして「これから神事としてのセックスを行います」と神に祈りを捧げます。その後瞑想して自分を整えます。儀式的に行いたいのであれば、電気を消して、ロウソクを灯し、御神酒を飲んで、向き合って礼をします。そして厳粛な気持ちでセックスを始めます。

女性は官能しながら変性意識に入っていきます。前戯の段階で、クンニで光源絶頂の官能の喜びを堪能します。その喜びを天に上げます。

対面上体立位の体勢をとってペニスを膣に挿入します。呼吸法で2つのカラダを1つのトーラス構造のエネルギーに統合します。

そして騎乗位の体位をとります。男性は仰向けになりながら、大地を意図します。女性はカラダを垂直に立てて、天とつながることを意図します。男性は頭頂の百会からエネルギーを吸引し、ペニスを通してそのエネルギーを、女性のカラダに上げていきます。女性は腰を激しく動かしながら性的快感のエネルギーを高め、男性からもたらされたエネルギーと性的快感のエネルギーを絡めながら天に上げていきます。

すると高次元とつながって、神々との交信が始まるのです。こちらが願う神を求めれば、その神が交信してくれます。そしてメッセージを伝えてくれます。こちらの質問にも答えてくれます。ただしこちらが知らない神や、縁のない神だとつながらない可能性はあります。

高次元は時空間がありません。それはちょうど映画が収録されたDVDのようなものです。DVDの中に映画の情報全てが詰まっています。再生のポイントにレーザーを当てると、映画のシーンが画面に映しだされます。

神々もまたエネルギーとして無限の意識世界に存在しています。そして呼べば現れてくれるのです。日本の神々。イシスの神やハトフルの神。イエス様やマグダラのマリア。このようにいろんな神が、出てくるという現象が起き始めるのです。

大袈裟な儀式をしなくても、セックスをするだけで、神々とつながって交信できるのです。これが陰陽和合の神事としてのセックスの凄さなのです。

このようにして地上で味わえるセックスには、4種類あります。どれが優れているかという問題ではありません。価値と意義が違うだけです。このことを知った上で自由自在に選択して、好きなレベルのセックスを味わうというのが、神のギフトとして味わうセックスなのです。だから極論、肉体だけの快感を味わうセックスでもいいのです。しかしそれは全てできた上での行為なら、最高の経験になります。

精神的な氣のエネルギーと物質的な氣エネルギーについて

ここで氣の定義について、私の考えを簡単にお伝えしたいと思います。神は無限の意識とともに、自己を三次元に顕在させるために無限のエネルギーとしても存在しています。そのため三次元の物質世界は無限のエネルギーによって存在しています。私はその無限の元のエネルギーを氣、ないしは氣のエネルギーと定義しています。

その氣のエネルギーには二種類あります。精神的な氣のエネルギーと、物質的な氣のエネルギーです。精神的な氣のエネルギーには思考の氣のエネルギー、感情の氣のエネルギー、意志の氣のエネルギーがあります。

思考はそのはたらきによって感情や行動をもたらします。また様々な喜怒哀楽の感情は、人間としての豊かさをもたらしています。そして思考と感情によってもたらされる意志によって人間としての行動が発生し、社会生活を営むことができます。これらは全て精神的なエネルギーとなります。

たとえば喜び。これは喜びの氣のエネルギーということがいえます。この氣のエネルギーによって、あふれるばかりの生命力・行動力をもたらします。怒りもまた氣のエネルギーです。このエネルギーは破壊をもたらします。嫉妬とか憎しみの氣のエネルギーは、殺気となって、意志として行動に移せば犯罪行為になります。仮に意志を発動させず思いだけでも、生き霊の想念として、相手の健康や命に害をもたらします。

精神的な氣には波動に高低があります。喜びや幸せをもたらす氣の波動は高く、怒りや悲しみをもたらす氣は波動が低いということができます。波動が高いと、明るい氣、軽い氣、清い氣、温かい氣、香ばしい氣となります。波動が低いと暗い氣、重い氣、汚れた氣、冷たい氣、臭い氣となります。

日本人は氣に敏感な国民です。国語辞書を引いても氣に関する熟語や慣用句などがたくさんあります。それは氣を大切にしている民族性の現れです。日本人は精神的なものを氣として捉えることを無意識で行っているのです。

次に物質的な氣のエネルギーについてです。この三次元の物質世界は、物質の元としての原子によって存在しています。原子の中心には原子核があり、原子核のまわりを電子が回っているという構造です。陽子と電子の数によって、原子の性質が変わってきます。

核を中心にして電子が回転しているということは、そこに運動が発生しているわけです。つまりそこには運動をもたらすエネルギーがあるということです。そのエネルギーを私は氣と呼んでいます。

原子が化学反応や結合によって分子になり、分子の複雑な結合によって、人間の肉体が形成されます。つまり人間のカラダの元は原子です。では人間の肉体を構成している原子の要素はなんでしょうか。以下が人間を構成している原子とそのパーセンテージです。

酸素（O）：約65％　炭素（C）：約18％　水素（H）：約10％　窒素（N）：約3％　残りは微量のミネラルです。これらの原子は、必ず「氣」というエネルギーによって存在しています。

人間は水素・酸素・炭素という三大原子によってつくられていますが、その原子の氣のエネルギーが高いと、その原子で構成されている人間のカラダも力がみなぎり元気になるということです。逆に原子にエネルギー量が低いと、元気をなくすことになります。極単に氣が欠乏すると体力を失い、免疫力が低下して病気になります。

最近の女性に低体温の方が多くおられます。手足の冷たい女性です。人間は、36・5度が適性の体温として設定されています。この体温が下がると人は病気になります。電子レンジが水を沸騰させる原理は、水の原子に電子を当てそのバイブレーションで熱が発生します。人間の体温も、原子がバイブレーションを起こすことで体温が発生します。人間に氣が欠乏すると、原子のバイブレーションが低下し体温が低下します。手足の冷たい人は、基本的な氣のエネルギーが不足しているということなのです。体温が高いということは、エネルギーが満ちていて、原子のバイブレーションが充分にもたらされているということです。また人間が亡くなると冷たくなるのは、肉体から氣が抜けるからです。

氣のエネルギーとオーガズムの関係

先に述べた通り、人間は21歳で精神と肉体の両面で、完成するように基本設計されています。そして21歳を基点に人間として人生がスタートします。このとき精神と肉体だけでなく、同時にエネルギー体も完成します。つまり充分な氣の生命エネルギーが、丹田に充塡された状態になります。

このような完成された男女がセックスを通してまぐわうことによって、お互いの陰陽の氣のエネルギーは交流します。この交流でエネルギーは核融合的科学反応を起こして増大します。この増大したエネルギーが女性に光源絶頂のオーガズムがもたらします。陰核への刺激による爆発的なエネルギー、または交接による爆発的なエネルギーによって女性の松果体の機能が活性化します。それによって女性の霊的な能力が開花し、女性として完成するのです。そして女神としての土台が整うのです。

氣のエネルギーは基本、生命エネルギーなのですが、セックスを通して波動の質的変換がもたらされ、性エネルギーに変わります。この性エネルギーが女性に快感をもたらし、オーガズムをもたらす源なのです。

実は肉体におけるスキンの摩擦による快感より、氣による性エネルギーの爆発によってもたらされる快感とオーガズムのほうが圧倒的に高いのです。

女性はマスターベーションでローターやバイブを使う方がおられるかと思います。しかし物理的な振動の刺激でもたらされる快感は、とても平坦で浅いのです。上体を反らしてのけ反るような快感を得ることはできません。それは性エネルギーの爆発が起きないからです。しかしマスターベーションでも、性エネルギーの爆発を起こすことができれば、光源絶頂のオーガズムを得ることができるのです。

ちなみに私は女性がローターなどの器具を使うことには反対です。なぜかというと、松果体は氣という微細な情報を認識することができる精妙な器官なのです。ところがバイブやローターといった器具を使って陰核を刺激すると、機械的で粗い振動の刺激に慣れてしまって、性感脳を司る松果体が、氣を認識することができなくなってしまうからです。つまり松果体の機能を破壊してしまうのです。松果体が氣という微細な刺激を認識できないと永遠に光源絶頂のオーガズムを得ることは不可能です。

ちなみにセックスでイケない女性や、快感が浅い女性がおられます。その一つの要因として上げられるのが、氣のエネルギー量の欠乏です。氣のエネルギーが充分に満ちていないと快感の爆発が起きないのです。

また最近ではEDで悩む男性が少なくありません。EDとは勃起不全のことで、ペニスが硬くならない現象です。若い男性だと40歳ぐらいからEDになることもあります。実はペニスの勃起と氣のエネルギーとは深く関与しているのです。氣の生命エネルギーが満ちていれば、性欲がみなぎり、ちょっとした性的刺激で生命エネルギーは性エネルギーに転換し、ペニスに勃起をもたらします。このエネルギーが欠如しているから勃起が持続しなくなるのです。

ちなみに氣の生命エネルギーが欠乏する一番の要因はなんでしょうか。それは生活環境にあります。アスファルトとコンクリートに囲まれた空間。電灯やパソコンなどからもたらされる電磁波。これらは波動が低く、生命エネルギーを削り落としているのです。

また妊娠は生命エネルギーも深く関わっています。生命エネルギーが低いと新たな生命を宿すパワーがないために、受胎しづらくなるのです。セックスが大好きといって氣のエネルギーがみなぎっている女性は生殖能力が高いのです。

いずれにしても、今まで氣に対して意識することなく生きてきた方たちにも、如何に氣のエネルギーが重要かを理解していただけたかと思います。ちなみに何度も人間は21歳で完成すると述べましたが、これはあくまでも理想とする基準です。現代はあらゆる社会の歪みで基本の状態から乖離《かいり》していきます。

女神として覚醒する上での注意点

最近はSNSの普及で、スピリチュアルを生業にされておられる方をよく目にします。その方たちは、生まれ持った資質として、その能力を活用しておられます。しかしこの能力は特定な方だけに与えられた特権ではありません。実は女性が等しく備え持っている能力なのです。女性が覚醒すれば発揮される能力なのです。

本書を手にされた皆さんにおかれては、松果体を開いて覚醒したいと願っておられることと思います。霊的能力を開いて、チャネリングして神々のメッセージを降ろしたり、過去生のビジョンを観たりしたいと願っておられることでしょう。

何度も言いますように、松果体を開くことで霊的能力は開花します。しかしそこだけを特化すると、大きな落とし穴にが待っています。

第6チャクラは真理に目覚め霊性を開くところです。人間の進化の過程で、最終段階としてのテーマです。順当に人間として進化し成長してくれば、霊的に開かれるのは自然の流れです。ただここで問題なのは、無形世界とつながる能力が開いたからといって、覚醒したということではありません。ただ無形世界の波動をキャッチできる能力が開いたというだけです。有頂天になってはいけません。

なぜなら無形世界といっても、低級な波動世界から高次元の神聖なる波動世界まであるからです。まさに魑魅魍魎《ちみもうりょう》の世界です。低級な波動世界には低級霊や動物霊・妖怪霊・悪霊が存在し、魔界の世界が存在しています。神に至るには、超えなければならないトラップが用意されているのです。

仮にあなたが、死者と交信できたとしても、神と称する存在からメッセージを降ろすことができたとしても、それが何処とつながっているかが問題なのです。喜びと怒りが共存できないように、宇宙には同じ周波数の波動とし か共鳴できない法則があります。あなたがエゴの存在であった場合、同じ周波数のエネルギー体としか交信できないということです。自分の霊的レベルと同じレベルのものとしか無形世界とでつながれないのです。だからあなたの霊的レベルが何処に位置しているかが問われます。

そのような理由であなたが能力を開いて女神として覚醒する上で、同時に並行して行ってもらいたいことがあります。それは自己のエゴを手放すという作業です。これが神に至る、最後の関門です。自分一人で駆け上る最後の課題です。

太陽の光はあまねく地上に降り注がれています。もし地上に雨雲が垂れ込めていたらどうでしょうか。厚い雲で覆われることで、地上に降り注ぐ光は閉ざされ暗闇となります。この雲とはつまり人間のエゴの象徴です。エゴが多ければ多いほど、神の光は閉ざされます。神とのつながりが遠のきます。

ちなみにエゴと一口でいっても、簡単ではありません。自分勝手な振る舞いや、高慢なだけがエゴではありません。罪悪観・ゆがんだ善悪の価値観・好き嫌いの感情・自己否定・所有概念・優越感・劣等感・嫉妬・批判など様々です。一つ一つエゴに向き合っていたのでは、切りがありません。それを克服する方法があります。負の部分に目を向けるのではなく、正の部分、真理と愛と喜びと神に意識を向けるのです。そして愛の人格を目指すのです。この方法によってエゴから解放されるのです。愛の人格と霊性が備わり、神意識になったとき人間としての最終課題を通過することができるのです。

ちなみに光源絶頂のオーガズムを感じているときはどういう状況でしょうか。それは完全なる喜びの世界です。神の本質は喜びです。つまり絶頂にあるときは神の領域にいるのです。その領域にはエゴは一切発動しません。またその状態にあるとき、愛と喜びのエネルギーは丹田に充塡され、そして拡大し増大していきます。それによってエネルギー体として自分のエゴのエネルギーは相対的に小さくなっていきます。そのような意味で、陰陽和合のセックスはエゴを手放す重要な方法でもあるのです。

性感脳を自らブロックしてしまうケース

性感脳というのは、性的に感じる脳、性的刺激を受信できる脳という意味の私の造語ですが、この性感脳が開かれていると、光源絶頂のオーガズムを経験することができます。逆にこの性感脳が閉ざされていると、不感症になるわけです。

男性は思春期を迎えると、自然とマスターベーションを覚え射精します。この射精でオーガズムを迎え、性的な喜びを体験します。よって男性は「イク」＝「オーガズム」＝「性的喜び」となるわけです。なぜ男性は女性がイクことにこだわるのか。それは女性を喜ばせたいからです。イカせることが女性の最上級の喜びだと思うからです。

ちなみに男性のほとんどはマスターベーションで射精してオーガズムを迎えます。男性で不感症の人はほとんどいません。しかし女性は違います。イケない女性、イケても快感が浅い女性、または全く感じない女性と、絶頂オーガズムを感じる女性から全く感じない不感症の女性まで本当に幅がありま す。女性が受け身の性である所以《ゆえん》かもしれません。

ちなみに女性が不感症になるのは、性感脳がフリーズしてしまうからです。それには色々な原因があります。その最たるものが性に対する極度の羞恥心と罪悪観です。このメンタルな部分が強いと、感じにくいカラダや、性的に感じない不感症を招くことになります。

以前、女神覚醒セッションで、クリスチャンの女性が受講されました。その女性は教会で指導的な立場のシスターでした。彼女は性に対して強い罪悪観を持っておられました。セックスは罪。性的な喜びを感じるのも罪。当然自慰行為も罪。もしマスターベーションをしたら懺悔しないといけないと思っていた女性でした。

今は教会から距離を置かれ、新たな女性の道を模索されておられました。その過程で私のもとに来られた次第です。彼女は性のブロックを解放したいという強い思いを持っておられました。

実際に彼女にセッションをしてどうだったでしょうか。実は、私のテクニックを１００％駆使しても感じなかったのです。何をしても感じないのです。性感帯といわれる乳首も、クリトリスも何も感じないのです。まさに正真正銘の不感症でした。本人自身、ショックも半端ではありませんでした。まさに性に対する罪意識によってもたらされた精神的なブロックが不感症を招いた一例です。

また性に対する恐怖心とか、男に対する怒りも、性感脳をフリーズさせる原因になります。極端な例で言えば過去に性的暴力を受けた場合などです。性に対して恐怖心を抱くことで、こころをブロックして不感症になってしまうということです。

また予測できないことが原因で不感症になる意外なケースもあります。小さいころからいじめに遭ってきた女性や、不遇な家庭環境で親から暴力を受けてきた女性も不感症になるケースがあります。外からの攻撃に痛みを受けないように自らの感覚を閉じてしまったことで、不感症になってしまった例です。自分のこころと性感脳はダイレクトにリンクしているという例です。

また思い当たる原因が何一つないのに性的にブロックしている女性がおられます。自らのクリトリスを見ることもさわることもできない女性だったり、膣口にペニスの先端が触れるだけでも、痛がって挿入を拒絶する女性です。この場合は過去世が影響を与えているケースです。過去生で宗教的背景から性を拒否してきた魂の持ち主です。

男性は、いじめに遭っても、親から虐待を受けても、射精できないとかオーガズムを感じないということはあまりありません。しかし女性は、「お前は感度が悪い」と言われただけで、不感症になるのです。それほど女性は性的に繊細な存在なのです。

ちなみに女性の場合、性に目覚める年齢には幅があります。マスターベーションに目覚めたのが、中高生という女性が多い中、幼児のころからマスターベーションを覚えてしまっている女性も多くおられます。これは女性の特性です。女性の場合は、幼少期に偶然にも陰部をこすりつけたら気持ちいいということを体験し、自然にマスターベーションを覚えてしまうのです。そういう女性たちは、おおむね性に対して意識がオープンで、そのまま素直に育つと、性感脳が開かれている可能性が大きく、性的な感度もよく、感じやすいカラダだったりします。

第7章
クリトリスは神とつながるポータルサイト！私自神そのもの！

湖畔でマスターベーションをするレムリアの女性たち

紀元前4世紀の古代ギリシャ哲学者プラトンが、アトランティス文明について言及しています。プラトンによると、かつて地上に高度に科学技術が発達し、物質的に繁栄した文明が存在していたといいます。実は紀元前3000年ごろにエジプト文明が始まりますが、それよりさらに数万年前に、地球上に繁栄した文明が存在していたのです。

またアトランティス文明とともに、ムー大陸にレムリア文明があったとされています。レムリア人は霊性が発達し、宇宙的な叡智や高次元の意識を持っていたとされます。レムリア人は、自然との深いつながりを持ち、ハートのエネルギー、癒し、共感、愛に重点を置いた社会を築いていたと言われています。

ところがアトランティス人は科学文明を過信し、神々への敬意を欠き傲慢になりました。そして自ら築いた科学技術によって地球のオゾン層を破壊し、大洪水を招き、海の底へと沈んでしまったとされています。

アトランティス文明のことは数万年前のことで、伝説として捉えられていました。しかし日本の最西端に位置する沖縄の与那国島《よなぐにじま》には、世界的にも有名な「与那国海底遺跡」があります。海底に、見事な石の建造物が存在しているのです。まさにそれが過去にアトランティス文明が存在していた証拠であるとも言われています。

今でも多くのチャネラーによって、アトランティス文明やレムリア文明について言及されています。チャネラーによって語られる内容は、多少違いはあります。何しろ何万年も前のことで、記録が残されているわけではありません。しかし、チャネリングで降ろされたメッセージの内容を参考にしながら、当時の事情を類推し文明を把握するしかありません。

ところでミッションを共にする私のパートナーもチャネラーの一人です。彼女もまた女神覚醒することで、チャネリング能力が開かれました。あるとき過去のアトランティス文明とレムリア文明のビジョンを、21日間にわたって観せられたといいます。国が水没していく様子を、リアルな映像とともに体感したとのことでした。

しかしこの過去のビジョンを観るのは、彼女だけではありません。私のもとで指導を受けた「エヴァインスタラクター」の女性たちもまた覚醒し、アトランティス時代のことやレムリア時代のときの記憶を蘇らせたのです。そして私が指導する秘儀を行うことで共通のビジョンを観るようになったのです。

その一つが、湖畔で女性たちがみんなでマスターベーションをしていたというものです。女性器を露わにし、陰核を刺激して喜びを神とともに共有していたというのです。そして神々と交信していたというのです。当時の女性たちにとって性行為は、恥ずかしいものではなかったのです。聖なるものとして捉えていたのです。何人もの女性たちが同じビジョンを観ることで、レムリア時代は、女性たちが集団で性を満喫していたのだということがわかりました。

このようなビジョンを観たエヴァインストラクターの女性たちが、実際に海の浜辺でマスターベーションをし合ったといいます。感想を聞くと楽しかったといいます。性に対して罪悪観や羞恥心から解放されると、女性にとって性は本当に楽しい行為なのだと実感します。

ちなみに古代エジプト文明よりももっと古い歴史を持つのが、日本の縄文時代の文明です。はじまりは1万2000年〜1万5000年前にさかのぼります。アトランティス文明の崩壊の後、レムリア文明の地から生き残った人たちが、大洪水を逃れ日本に辿り着いたといわれています。日本人の精神性の高さは、このレムリア人の遺伝子を受け継いでいるからかもしれません。

いずれにしてもこれらの情報はチャネリングによるもので、真実かどうかは定かではありません。しかし信憑性があり否定することはできません。

クリトリスの存在目的とその秘密

「女性は子宮で考える」といいます。このフレーズは、比喩的な表現です。子宮は女性の生殖器の一部であるだけでなく、女としての内なる声や直感に従うということを強調するために使われます。しかし私はここで新たなフレーズを提示したいと思います。それは「女性は陰核で考える」です。これが今までのフレーズと取って変わる新たな表現となることと確信しています。

子宮は子どもを宿す場所です。女性を象徴するというよりは母性を象徴します。しかしクリトリスは陰核といい、まさに陰である女性の核なのです。このクリトリスである陰核ですが、ここで真の存在目的と価値についてお伝えします。

全ての存在には存在目的があります。コップは水やコーヒーを溜める目的があります。時計は時間を計る目的があります。この世に存在するもので存在目的がないものはありません。もし仮に存在目的がなかったとしたら、そのモノには存在価値がないということになります。

ではクリトリスの存在目的は何でしょうか。みなさんの回答はどうでしょうか。気持ち良くなるためのもの。オーガズムをもたらすためのもの。イクためのもの。こんな感じですね。確かに表面的にはそのような目的がありますす。しかしそれは表面的なことです。実はもっと深く本質的で根源的な目的が存在しているのです。それはまさに松果体を開くポータルサイトであり、高次元とつながるポータルサイトであり、丹田に蓄積された氣の生エネルギーを性エネルギーに転換し、エネルギーの大爆発をもたらす起爆装置・着火装置であるということです。そして何よりも私自神を代表する中心であるということです。

男性の象徴といえば、ペニスです。それと対をなすのが陰核であるクリトリスなのです。まさにクリトリスを肥大化させたのがペニスになるのです。男性はペニスの大きさにこだわりますが、それは男としての自分を象徴するからです。また勃起にもこだわります。なぜなら勃起は自分自身の元気の現れだからです。その意味で、女性もまた陰核であるクリトリスの存在に対してもっと意識を向ける必要があります。

ところが多くの女性は羞恥心と罪悪観もあって、自分のクリトリスに対してしっかりと対峙し向き合ってこなかったと思います。もしクリトリスに独立した意識があるとするなら、どれだけ寂しい思いをしてきたことでしょうか。

クリトリスは神と直結する、超高機能な性能と感度を有する優れた器官なのです。霊的な役割を担っているのです。たぶんこのようなことを言っても信じてもらえないかもしれません。しかしエヴァインストラクターにクリトリスの価値と意義を教え、呼吸法とイメージの活用などの技法を実践してもらうと、瞬く間に覚醒が起きて、チャネリング能力が開花するのです。こんなふうに簡単に変性意識に入り、霊的能力が開花する女性たちを目の当たりにすると、クリトリスの存在価値に改めて感じ入る次第です。霊的覚醒をめざすために、山頂の岩場で長時間、瞑想することは必要ないのです。

ちなみに女性のみなさんは、マスターベーションをする際にどのようにしているでしょうか。人から教わることもなく、比較することもなかったので、自己流で愛撫してこられたと思います。最悪はローターやバイブに頼って、手っ取り早くイクためだけに刺激してこられたと思います。しかし本当のクリトリスの価値を知ったら、そのようなぞんざいな扱いをすることは、神と自分自神を冒瀆するのにふさわしい行為になるのです。

しっかりと左手で皮を剝いてクリトリスを露出してあげて、右手の中指の氣の出るポイントに当てて、小さなクリトリスであっても中心線に合わせて、刺激するほどの細心の注意が必要となってくるのです。

思考は現象化するといいますが、いい加減な気持ちだと結果もいい加減になります。どのような意識と価値観でクリトリスを愛撫するかで、まったく結果は変わってくるのです。もたらされる効果も違ってくるのです。

みなさんは今まで、神聖で高貴なクリトリスを、使い捨ての紙コップのように扱ってきたことと思います。まずは反省が必要です。

エヴァベーションでクリトリスと対話する

今まで私たちはマスターベーションを「自慰行為」と呼んできました。とても悲しい表現です。言葉の威力は絶大です。自慰行為と表現することで、マスターベーションにどこか惨めさがつきまとってきます。ところが自慰行為ではなく、自己愛と捉えたらどうでしょうか。自分自神を愛する。するととても癒された気持ちになれます。なので私は自分を愛する一連の行為を、「エヴァセルフラブ」と言っています。自分を癒すために、神とつながるためにクリトリスを愛でる。そのような意識に転換したときに、今までの行為の意義と効果が一変します。

また女性が覚醒を目的とするマスターベーションを、通常の行為と分けるために、「エヴァベーション」といっています。またクリトリスは神聖なる存在です。イメージを一掃するために「ジョイパール」と呼んでいます。

ちなみにみなさんがエヴァベーションをするときに、試して欲しいことがあります。それはクリトリスと対話することです。「可愛いクリトリスね」「とても美しいわ」「どんなふうに愛されたい?」と、聞いて欲しいのです。すると、「気がついてくれてありがとう」「もっと優しくしてほしかった」「もっと丁寧に扱ってほしかった」とクリトリスの声が聞こえてきます。嘘のような話です。しかしクリトリスにも意識があると思って実践してみると、奇蹟が起きるのです。エヴァベーションの指導を受けた女性たちが、同じような体験しています。

クリトリスというのはそれぐらい大切なものなのです。今まで罪悪観や羞恥心を持たれることで、どれだけクリトリスは傷ついてきたことでしょう。ぜひクリトリスに謝罪してください。そしてクリトリスと親しくなってください。クリトリスは神殿の中心部です。丁寧に扱って、愛を持って愛でてください。これが覚醒に至る第一歩でもあるのです。

ちなみに男性がクンニをするときも、どのような意識で愛撫するかが重要です。ただイカせることのみに意識を向けると、肉体次元に留まります。舌先は氣が出入りするポータルサイトです。クリトリスもまた氣を受け取るポータルサイトです。クンニは物理的刺激と同時に氣を供給する行為でもあるのです。そのことを理解して行うことで、効果が飛躍的に増大します。また男性は男神としての神意識で、女性の神殿を愛でると、霊的次元に女性を誘うことができるのです。すると物理的刺激と氣の刺激と精神的刺激が融合して、クリトリス自神が歓喜に包まれ、大絶叫の快感に身をよじらせながらクリトリスは着火して、大爆発を起こしてくれるわけです。これがクリトリスに備えられた真実の存在価値なのです。

第8章

オーガズム造成呼吸法で氣で官能できるカラダに育成する

男性と女性の性の役割分担

神が自己を物質化したのがこの三次元世界です。物質化された世界は、陰と陽の二極の関係性で存在しています。そして神の完全な形として顕在化したのが人間です。陽の要素として男性が、陰の要素として女性が分離して存在しています。物質と精神は陰陽の関係です。神が人間として三次元に存在するときに、陽としての男性は、物質的要素を多分に備えています。そして陰の女性は、精神的要素を多分に備えています。

男性が三次元を物質化する能力に長けているのは、物質的要素を多分に備えているためです。大東亜戦争で、焼け野原になった東京が、半世紀後には高層ビルが立ち並び、交通機関を含め生活環境のインフラが整備されています。これは男性性の能力です。一方の女性は、情感が深く、愛と平和を強く求める性質があります。また直感力や霊感が鋭いのも女性です。それは女性が精神的要素を多分に備えているからです。

ちなみに男性と女性で決定的な違いがあります。それは女性には妊娠する能力があるということです。女性が妊娠し出産し育児するには、計りがたい愛の精神的要素が求められます。また犠牲精神と忍耐力が求められます。男性は女性にとても敵いません。

また妊娠によって子宮に宿った受精卵は、細胞分裂を繰り返して成長します。そして7日×7段階の49日目あたりに、胎児に最大のイベントがもたらされます。それは胎児の肉体に魂がインストールされることです。人間誕生の瞬間です。それまでは単に細胞の固まりでしかなかった胎児が、そこで初めて肉体に精神が宿り人間になるわけです。

胎児に魂がインストールされるということは、女性は霊的働きをサポートする機能を備えているということです。つまり女性には元々霊的能力を有しているというわけです。スピリチュアル好きが多いのは女性のほうです。チャネラーなどの霊的な活躍をされているのも圧倒的に女性が多いのはそのためです。

ちなみに女性は全員に霊的能力があり覚醒できる要素を備えています。しかし今現在、ほとんどの女性は、その能力を発揮していません。自分がそのような能力が備わっていることを知らないからです。無知な状態にあります。それは今まで闇の勢力によってその意識を封印されてきたからです。自分に能力がないと思い込まされてきたからです。しかし21世紀という新たな時代を迎え、その封印が解かれたのです。これからは女性が当たり前のように霊的に覚醒できる時を迎えたのです。

後ほどその方法をお伝えしますが、その方法を用いれば、女性は覚醒できます。しかも自分一人の努力で覚醒できます。しかしそれは最大限70％です。

0だった状態から70％に上昇するだけでも、画期的な飛躍です。それだけでも素晴らしい能力の覚醒です。しかし男性を通すことでその能力は完成します。１００％の状態に到達できます。実は最後は男性の陽のエネルギーが必要なのです。ピースが完全にはまった状態になって、覚醒した女神として完成するのです。そのピースとなるのが陰陽和合のセックスです。陰陽和合のセックスで男女が統合することで、女性は完成するのです。

そのためには、男も男神としての能力が必要となります。第一の条件は、女性を肉体において、官能に誘う能力を有することです。第二は、男性が性エネルギーを交流できる能力を有することです。そして第三は、男性が女性への純粋な愛と神意識を持つことです。このような状態で男性はセックスを通して女性を高原状態に誘うわけです。女性は極上のオーガズムを体感し、性感脳は完全に開かれ、松果体が開花することで、高次元と一体化することができます。そして女性は女神として完成するわけです。

男性もまた女性を女神として覚醒に導いたことで、男神としての役割を全うしたことになります。それによって男性は、女性から精神的な恩恵を受け取り、男としてより能力を発揮した人生を生きることができるのです。

今までは男性がこの世の中を支配してきました。しかしこれからは、女神と化した女性が主体となり、女性が精神的に男性をサポートしていく時代です。女性のインスピレーションに男性が従っていくという世界に転換します。まさに精神文明の始まりです。神とつながった女性が、高次元からもたらされたインスピレーションを土台に、愛の世界が展開していくのです。そのような世界が実現したら、どれだけ素晴らしい社会になることでしょう。想像を絶する精神的科学文明が誕生するのではないでしょうか。私は近未来、そのような時代になると確信しています。

松果体の正体とオーガズムの関係

女性が女神に覚醒するには、松果体を開花することが必要であることを、何度も述べてきました。ここで少し松果体についてお話したいと思います。

松果体は脳の中心にあります。頭頂と眉間を直角につないだところに位置します。豆粒程の小さな7~8ミリほどの器官です。松ぼっくりのような形状をしているので、松果体と呼ばれています。

松果体は今の医学では、機能や能力についての研究は少なく、未だに解明されていない謎めいた器官になっています。しかし今よりも霊性が発達していた古代の人々は、松果体のその神秘的なパワーと重要性に気づいていました。

古代エジプトの壁画やキリスト教の建造物、またギリシャ神話の絵などに、松果体が松ぼっくりのような形で表現されています。

キリスト教の総本山であるバチカン市国に、サン・ピエトロ大聖堂があります。その中庭には、巨大な松ぼっくりのオブジェのブロンズ像が置かれています。また古代エジプト文明の壁画にも、松果体が描かれています。「ホルスの目」という有名な壁画があります。それは松果体を直接的に描いたとされています。

ちなみにクンダリーニという言葉を耳にされたことがあるかと思います。クンダリーニとはサンスクリット語で「巻きついたもの」という意味です。ヒンドゥー教のヨーガの伝統の中で言及されるエネルギーの形です。これは脊椎の底部にある仙骨に眠っているとされています。特定の実践を通して脊椎を上昇して頂点のサハスラーラチャクラ（第7チャクラ）に達すると覚醒するとされています。スピリチュアルな実践者は瞑想、ヨガなどを通じて、松果体を活性化し、霊的な覚醒を求めました。

スピリチュアルな世界においては、「第3の目」が開くと、悟りを開いたり、この世界の真理を理解できると言われています。この「第3の目」が、松果体であると言われています。

松果体は、高次元やアカシックレコードにアクセスするためのポータルサイトです。宇宙と神々とつながり、啓示を受け取り、霊的を能力もたらすところなのです。

この松果体を開くのに、わざわざインドに行って、瞑想やヨガをする必要はありません。女性には簡単に開く方法があるのです。それがオーガズムを活用した方法なのです。

それは、一瞬でアッと終わるようなオーガズムではなく、絶叫するような光源絶頂のオーガズムによってです。オーガズムの爆発したエネルギーが、中脈を通って松果体を通過したときに、そのエネルギーが松果体の機能をオンにし、松果体の持つ能力が覚醒するのです。

マスターベーションからエヴァベーションに変える

女性が女神に覚醒するには松果体を開くこと。そして松果体は、光源絶頂のオーガズムによって開くことができる。そのところまでは理解できたかと思います。ではどうすれば光源絶頂のオーガズムを得られることができるのでしょうか。これが本書の核心部分です。ちなみに女性のみなさんは、身をよじって絶叫するオーガズムを経験したことはありますか。

私はこれまで1000人以上の女性と、スローセックスのセッションをしてきました。その都度、女性にインタビューをしてきました。そして過去のセックス事情を詳細に伺ってきました。彼女たちの多くは、男性のセックスに対して、不満と怒りの感情が鬱積していました。男性が変わっても似たり寄ったりのセックスで、いつも不満な感情を抱いておられました。

女性はバイオリンの名器であるストラディヴァリウス並の高貴な性能を備えています。しかし現実では女性はオモチャのウクレレ程度の扱いを受けてきたのです。男性からちゃんと愛撫されることがないままに、ただただ動物的な生殖行為に近いセックスをさせられてきたのです。それでは感じるわけがありません。喜びを得ることはできません。無理やりな交接によって、逆に痛い思いをしてきたのが今までのセックスだったのです。

しかしその原因の一端は女性にもあります。なぜならセックスを男性任せにしてきたからです。男性に完全に主導権を明け渡し、されるがままのセックスを行ってきたからです。

もし仮に女性自身が性的に高感度なカラダになっていれば、下手なセックスでも高いレベルで感じることができます。今までジャンクセックスでも、不満のなかった女性はまれにおられます。そのような女性は感じるカラダとして、もともと開かれていたからです。

ここで発想を変えてください。男性にカラダを開いてもらうのではなく、自分自身で感じるカラダにしていくということです。自分自身で光源絶頂に誘うことができれば、極端な話、男性の前戯がなくても、男性が仰向けに寝て騎乗位の状態でペニスを膣に挿入して、腰を動かすだけで高感度な快感を得ることができるのです。それがこれからみなさんにお教えする方法です。それはある技法を用いたマスターベーションによって行います。従来のみなさんのマスターベーションは自己流でした。しかしこれからお伝えする方法は、呼吸法とイメージとアダムタッチを活用します。まったく違った概念です。よって自分のカラダを開くトレーニングを「エヴァセルフラブ」と表現します。また従来の自慰行為であるマスターベーションの呼び名から、松果体を開き覚醒を目的とするので、「エヴァベーション」と呼びます。

氣のエネルギーを疎外する生活環境

松果体を開くには充分なエネルギーが必要です。それが丹田に溜められた氣のエネルギーです。物質は必ずエネルギー形態としてトーラス構造（リンゴの形状に似たエネルギーの磁場）を有しています。人間のカラダもトーラス構造としてのエネルギーが存在していて、その中心部が丹田です。この丹田に氣のエネルギーがチャージされ、トーラス状にエネルギーが循環しているのです。ここで何よりも重要なのが、丹田に充分な氣のエネルギーが充填されているかどうかです。

私たちはアスファルトとコンクリートに囲まれた低い波動の生活空間に生きています。またスマホやパソコンや蛍光灯からの生体エネルギーを下げる電磁波に晒されて生きています。電車や自動車も低い波動の電磁波をもたらしています。このように人間は低い波動のエネルギー空間に囲まれながら生きているのです。この環境の影響を受けて、生体エネルギーは弱められています。もし緑豊かな自然環境の中で生活していれば、自然にあふれる氣のエネルギーをふんだんに受けて元気になります。療養を目的とした長期宿泊の温泉場があります。地中からわき起こる温泉には、氣のエネルギーが満ちているのです。その氣のエネルギーを受け取ることで、病気だった人も、免疫力が高まり健康を取り戻すことができるのです。

またネガティブな感情も氣のエネルギーを減少させる要因です。嬉しいこと楽しいことはプラスのエネルギーで、元気になりエネルギッシュになります。しかしストレスを抱える現代社会では氣のエネルギーが自動的に減少していく状況にあるのです。まずは松果体を開くにあたり、私たちは氣のエネルギーが削り取られる環境にいることを認識してください。

今の若い女性は、冷え性で手足が冷たい方が多くおられます。冷え性と氣のエネルギーは密接にリンクしています。人間のカラダは、体温が36・5度のときに一番健康になるように設定されています。したがって体温が1度下がって35・5度になると、万病のもととなります。気が満ちていると、体温は36・5度に維持され、エネルギーが満ちている状態を保つことができます。

プライベート講習のモデルとして、3年前に応募された女性がおられます。まだ20代の女性ですが、とても冷え性の女性でした。手足を触っても、仙骨と下腹部に手を当てても、とても冷たい女性でした。肌も荒れ、決して健康な状態とは言えませんでした。また過去の男性経験でセックスが嫌いになっておられました。マスターベーションもローターや電マを愛用され、講習での指でのクリトリス愛撫やクンニでは反応できず、イケないカラダになっておられました。しかし講習では男性からアダムタッチを1時間、2時間受けることになります。アダムタッチは手から氣のエネルギーが放射されており、そのエネルギーは相手のカラダに循環する作用があります。彼女はアダムタッチをされることで氣のエネルギーがどんどんチャージされ、日ごとに体質が改善され、体温は上がり、健全なカラダになっていきました。そしてエネルギーがどんどん蓄積されてパワーがみなぎっていきました。今ではなかなかイケなかった体質は嘘のようで、氣のエネルギーだけでのけ反って官能し、イッてしまえるほどのカラダに変容しました。そして今では女神としての能力が開花して、高次元とつながりチャネリングができるまでに成長されました。

私たちの生活空間と環境が、いかに氣のエネルギーを疎外する状況にあるかということを知った上で、丹田にいかに氣のエネルギーを溜めるか。これがまずは松果体を開く出発点になります。

丹田に氣を溜めるオーガズム造成呼吸法

では、氣のエネルギーを溜めるためにはどうしたらいいのでしょうか。それがこれからお伝えする「オーガズム造成呼吸法」です。インドや中国においてもいろいろな呼吸法があります。日本の武道でも呼吸法を大切にします。瞑想やヨガ、スピリチュアルトレーニングに呼吸法は欠かせません。呼吸は霊的能力を開くためには重要な要素を備えているのです。

呼吸と言うと、一般的には酸素を取り込んで二酸化炭素を吐き出すことが主要な意義です。また呼吸をゆっくりすることで、自律神経をコントロールし、心身をリラックスさせる効果もあります。しかしここでお伝えする呼吸法には、べつな目的があります。それが丹田に氣のエネルギーを溜めることです。

人間には特殊な能力が付与されています。それは意識で氣をコントロールすることができるというものです。意識で氣を流したり氣を取り込んだりできるのです。つまり意識してイメージを加えることで、大気中に満ちた氣のエネルギーを体内に取り込むことができるのです。これが呼吸法の本質です。宇宙には無限のエネルギーが満ちています。それを取り込むという意識で呼吸をするのです。

人間の頭頂は百会・クラウンチャクラといいます。ここは宇宙の天の氣のエネルギーを取り込むポータルサイトなのです。ちなみに尾てい骨は地の氣を取り込むポータルサイトです。百会と会陰を直線でつないだラインは、中脈といいます。氣のエネルギーが通る太いパイプラインなのです。トーラス状の氣のエネルギーが循環するときに、この太いラインを通過します。このライン上の下腹部に氣海である丹田が存在します。子宮の位置と重なります。ここがトーラスの中心に当たります。

呼吸法を行うときは上体を垂直に立てます。立位でもいいですが、座って行うときは、座禅の体勢をとり背筋を伸ばします。カラダが曲がっていると中脈が曲がり、エネルギーがスーッと丹田に降りてこないからです。

そして宇宙に無限に存在する氣のエネルギーを意識します。息を鼻でゆっくりと吸います。5~7秒ぐらいが目安です。息が切れない程度の時間で吸います。そのときに息を吸いながら百会から無限のエネルギーがカラダに流入することをイメージします。そしてそのエネルギーが中脈を通って丹田に降りていき、そこで貯蔵されることをイメージします。そして5秒ぐらいで息を鼻から吐きます。

呼吸の秘訣としては、鼻の穴の奥と喉元の管の器官を絞める感覚で、息をします。ホースの管を細めるイメージです。するとスーッと息が出入りするというよりは、管が絞められているので、吸い込む力、吐き出す力が加わり、氣のエネルギーを強く丹田に取り込むことができます。口呼吸だとそれがスムーズにできません。

また息を吸ってエネルギーを取り込むときは、色として黄金をイメージします。そして生命エネルギーと性エネルギーを色で表すと赤になります。丹田が赤色のエネルギーで満ちていくことをイメージします。

これを繰り返して行うとカラダが熱くなってきます。エネルギーが満ちてくると汗をかくまでになります。これが氣のエネルギーが丹田に溜まり、全身にエネルギーが満ちていることを示す基準になります。

この氣のエネルギーは生命エネルギーですが、性的意識が発動すると性エネルギーに変換し、これがオーガズムの元のエネルギーになるわけです。このエネルギーが高いほどオーガズムの快感のレベルも高くなります。そしてこの氣のエネルギーが松果体を開花し、氣で官能できるカラダに変容させてくれます。

女神に至る第一歩として、まずはエネルギー体になるためにオーガズム造成呼吸法に取り組んでください。

アダムタッチの意義と効果と手法

アダムタッチはスローセックスの代名詞です。まさに女性を愛撫する上で最重要な技法です。この技法なくして女性を光源絶頂の官能の世界に誘うことはできません。まさにアダムタッチはセックスの愛撫において、絶対的に必要な条件なのです。

アダムタッチをフェザータッチと同じように捉えられることがあります。しかし全く違う概念です。そーっと優しく手で肌に触れることは同じです。確かに優しく肌に触れられるだけで気持ちいいものです。しかしアダムタッチには明確な意図と意義と価値が存在しています。

手はヒーリング能力を持っています。なぜかというと、手から氣のエネルギーが放射されているからです。指先と手の平から氣のエネルギーが放射されているのです。指の先端と指紋のある指腹の中間に氣の出るツボがあります。ここを便宜上アダムポイントと名づけています。指先が触れるか触れないかのギリギリの接触圧で触れるときに、氣のエネルギーは瑞々しく流れていくのです。その圧をキープしながらゆっくりとしたリズムで女性の全身を愛撫するのです。ちなみに時間をかけてゆっくりと愛撫するのは、氣のエネルギーの流れる速度がスローだからです。その速度と合わず、早く手を動かすと効果は激減します。

そのときに重要なのが手の形です。バスケットボールを両手で持ったとイメージしてください。ハンドボールでもなく、バレーボールでもなく、ビーチボールでもなく、バスケットボールです。そのときにできる手の形状が、アダムタッチの手の形です。手の力を抜いてできたこの手の形から最大限に氣のエネルギーが放射されます。この手の形をキープしながら、頭頂の百会から天の気を取り入れると意識します。そして手と指から氣が出ると意図することで、噴水のように聖なる天の氣が放射されます。

手は基本右手を使用します。それは右手と左手にはそれぞれ役割があるからです。右手は与える手で、左手は受け取る手としての機能を有しています。右手はエネルギーを放射する機能が高いのです。そしてアダムタッチをするときに右回転で行います。その理由は、氣は右に回すと推進し、左に回すと引き寄せられるからです。

愛されたい生命体の女性のカラダは、男性から全身で愛撫を受けるようにつくられています。その愛撫において最高最善な技法がアダムタッチなのです。全身を舐め回されても女性によっては気持ちわるかったりしますが、アダムタッチで全身愛撫されると性感脳が開花し、快感に敏感なカラダに変容するのです。また時間をかけて全身に氣を放射されるので、経絡と経穴を通って内臓に氣が巡り、健康なカラダへと体質を向上させます。また男性から受け取る余剰の氣のエネルギーは丹田に蓄積されます。試しに全身時間をかけてアダムタッチを受けてみてください。カラダがポカポカして、汗が噴き出るほどになります。それは氣が満ちてくるからです。

氣は精妙なエネルギーです。この氣をアダムタッチで時間をかけて受けると、氣が満ちるだけでなく、感覚が精妙になり、微細な氣のエネルギーを感じ取る感覚が開かれてきます。この開かれた感覚の感性こそが、性的快感を感じ取る基盤となるのです。唇と唇がそっと触れただけで、乳首に指先がそっと触れただけで、クリトリスに舌先がそっと触れただけで、ペニスが膣にそっと挿入されただけで、のけ反る程の快感を感じることができるのです。それは氣を感じる感覚が開かれたからです。氣を感じ取る感性を開く上で、アダムタッチはとても重要な技法なのです。

第9章
セルフアダムタッチとエヴァベーションと性感脳活性化呼吸法で女神へと昇華する

自分自神で行うセルフアダムタッチ

女性自神が男性に頼らず、感じるカラダに変容させるには、重要な要素が二つあります。その一つが充分な氣のエネルギーを丹田に充塡することです。そしてもう一つは、微細な氣の刺激に対して感じるカラダにすることです。氣を感じ取り性的快感として認識できる性感脳を開くことです。

氣のエネルギーを丹田に充塡する方法として、オーガズム造成呼吸法をお伝えしました。では性感脳を開き、氣を感じ取る感性を養うには、どうすればいいのでしょうか。それが自分自神で行う「セルフアダムタッチ」なのです。ベストなのは、男性からアダムタッチされることです。現段階での可能性は高くありません。しかし100%とはいかないまでも、自分自神でアダムタッチすることで、70%のレベルで性感脳を開くことができます。

それではそのやり方を説明します。まずは右手でアダムタッチの手をつくってください。バスケットボールを手で持ったときにできる手の形です。この右手における手の形をキープしながら、指先のアダムポイントを自分自神の肌に、そっと当ててみてください。汗ばんでいたりしたときは、滑りをよくするために、パウダーを肌に振りかけるのがオススメです。そして触れるか触れないかの微細な接触圧で、指先を肌に触れます。そしてゆっくりと右回りで動かしてみてくだい。足の甲・すね・太もも・手の甲・前腕・二の腕・脇腹・お腹・乳房・乳輪・乳首・鎖骨・首筋・頬・唇・髪の毛……。触れられるところは全部触れてみてください。いかがでしょうか。なんともいえないゾワッとした感覚を感じたのではないでしょうか。一つ一つの細胞に氣が浸透することで、細胞自身が喜んでいるのを感じませんか。もっといえば、細胞のＤＮＡに氣を通されることで、ＤＮＡは感動しているのです。これこそが氣がもたらす効果です。

この感覚が進化する先に、性的な快感が待っています。ただの気持ちいいから、性的に気持ちいいに変わってきます。自分で自分を愛撫し、一人でセックスしている状態になります。もしなかなか性的な快感に至らない場合は、性的な妄想をして、脳を興奮させるのも一つの方法です。アダムタッチする手を、好きな彼の手と見立てて行うのも手です。淡い吐息を吐きながら、快感モードに自分自神を誘うのも有効です。

手から放射される氣のエネルギーを高めるために、頭頂の百会から天の氣を取り込み、丹田経由で手から氣が放射されるとイメージすると、なお効果的です。イメージをするのは始めだけでＯＫです。ずっとイメージし続ける必要はありません。意図すれば氣はそのように流れてくれます。

このセルフアダムタッチは気分で行うのではなく、トレーニングとして行うものです。性感脳を開くという意図を持ちながら行ってください。長時間の瞑想や厳しい修行ではありません。気持ち良く楽しくできるトレーニングです。これからの時代は、苦労は必要ありません。楽しくワクワクすることで、幸せがもたらされる時代です。どうぞセルフアダムタッチを通して、瑞々しい女性としてのカラダを蘇らせてください。

エヴァベーションが最後の関門

セックスに関連する言葉は、汚れたイメージが付着しています。公共の場で「セックス」という言葉を口にすると、ひんしゅくを買います。「オナニー」「マスターベーション」「おまんこ」などの言葉は、どこか卑猥感があり罪悪観が拭えません。しかしセックスは男女が愛し合う崇高な行為です。マスターベーションは、自分自身を愛する神聖な自己愛なのです。

言葉は命です。神聖なセックスにまとわりついた、不純な印象を一掃するために、新たな言葉をつくりました。女性器は「ジョイフラワー」。クリトリスは「ジョイパール」。膣は「ジョイロード」。乳首は「ジョイベリー」。ペニスは「ジョイバー」。神の本質は喜び＝ＪＯＹです。喜びをもたらす局部に対して、喜びのジョイを付けたネーミングを考案しました。

ちなみに、男の子の性器には「おちんちん」とか「ちんぽ」という名称がありますｓ。しかし女の子の性器にはそれがありません。そこで私は女の子の性器に、「ぴぴ」「ぴっぴ」「ぴっぴちゃん」と名づけました。この名称の由来ですが、男の子の「ちんちん」「ちんぽ」の呼び名は、珍しい宝から珍宝↓ちんぽうとなり、珍宝から↓珍珍↓ちんちんになったわけです。女性器は秘められた場所なので、神秘の秘を2つ重ねて秘秘「ぴぴ」としたわけです。これからは「われめちゃん」ではなく、「ぴぴ」の名称を使っていただけると幸いです。

さてこれからが本題です。丹田に氣のエネルギーを充塡し、アダムタッチで性感脳を開花させるところまでしました。しかしそれだけはまだ覚醒には至れません。この次が最後のフィナーレとしてのトレーニングになります。それが「エヴァベーション」です。性感脳を開花した先に、松果体を開花させる課題が待っています。

ここでジョイパールを愛撫し、オーガズムに至るトレーニングを行います。これは従来のマスターベーションではなく、意図をもってする愛撫なので「エヴァベーション」と呼びます。

女性は百人百様です。マスターベーションにおいても、百人が百人ともみな違います。マスターベーションをしてすぐにイケる女性、イクまでに時間がかかる女性。またはイケない女性。ジョイパールを恥ずかしくて見られない女性、しっかりと観察できる女性。幼少期からマスターベーションをしてきた女性、成人してもマスターベーションをしたことのない女性。マスターベーションが大好きな女性、それほど好きでもない女性。指を使ってする女性、オモチャを使ってする女性。のけ反って感じる女性、微《かす》かな快感しかない女性。毎日のようにする女性、ほんのたまにしかしない女性。女性のマスターベーションに対する姿勢は、ほんとうに人それぞれです。男性がペニスをシゴイて、射精するオナニーのレベルとは全く違います。男性はそれほどの各差はありませんが、女性は人の数だけみな違うのです。この女性たちの差異は、体質によるものや、家庭環境によるもの、はたまた過去生から来る原因など様々です。

しかしどのような事情の女性でも、みなさんにおかれては、エヴァァベーションを通して、ジョイパールの愛撫でイケることが絶対的な条件になります。しかもイケるだけでなく、絶叫するほどの深い快感を得ることが必要となってきます。

ここが女神をめざす女性にとって、大きな関門になります。エヴァァベーションは、気分が向いたときにするものではありません。トレーニングとして、日々継続して行うことが求められます。気分転換にマスターベーションをするのであれば簡単ですが、いざ毎日となると、これが難しいのです。自分のカラダであっても、コントロールができず、なかなかイケないという壁に、ぶち当たったりします。しかしそこを越えた暁には、性感脳はさらに開かれ高感度な快感を手にすることができるのです。そして松果体が開かれるのです。自分自神で感じるカラダにすることが自己愛であり、女性が女神となるための責務なのです。エヴァベーションを通して、感じるカラダ、イケるカラダを手に入れることで、高次元とつながり女神に昇華することができるのです。

性感脳活性化呼吸法とエヴァベーションの技法

エヴァベーションの技法をお伝えする前に、まずは「性感脳活性化呼吸法」について触れたいと思います。エヴァベーションで快感の臨界点に達すると、オーガズムを迎えます。オーガズムはジョイパールが着火して、丹田の氣のエネルギーに爆発をもたらします。そのときに、ただ快感に浸って終わりではないのです。その爆発したオーガズムのエネルギーを、中脈を通して脳の松果体に上げるのです。上げる方法は、息を吸いながら、エネルギーを脳に吸い上げると意識するのです。この上げられたエネルギーが、松果体の機能を開花させるのです。

普段の練習として、オーガズム造成呼吸法を充分にした後に、性感脳活性化呼吸法を流れの中で続けて行います。丹田に充填された赤のエネルギーを、息を吸いながら脳に上げるのです。しかしこのトレーニングは数回に留めてください。というのも、実際にこれをやり過ぎると頭痛をもたらすからです。ただ頭痛を感じるということは、ちゃんと氣のエネルギーが脳に上がったという証拠でもあります。

エヴァベーションは、ただ闇雲にジョイパールを愛撫すればいいというものではありません。ここにもちゃんとした技法があります。それではここで、エヴァベーションの技法を説明します。

まずは鏡でジョイパールを観察してみてください。左手の人差し指と中指で、ジョイパールを覆っている皮を剥《む》きます。そしてジョイパールを露出させます。綺麗なジョイパールに対してまずは挨拶してください。というもの女性の中心である陰核＝ジョイパールにも、意識があるからです。実はジョイパールは今まで本人に無視されて、寂しい思いをしてきたのです。今まで乱雑に扱われることで、怒って拗ねているのです。ですので、まずはジョイパールに謝罪し和解してください。そしてジョイパールに対して「綺麗だね」「可愛いね」と誉めてあげてください。このようにジョイパールと、意識を合わせるところからのスタートします。もし万が一ジョイパールを愛撫しても感じられず、イケなくても、ジョイパールを責めないでください。なぜならあなた自身が性を否定し、ジョイパールを大切に扱ってこなかったことが原因だからです。

姿勢はやりやすい体勢でＯＫです。左手で剥いたジョイパールに対して、オイルを補助として垂らします。ベストなのは「アダムオイル」がオススメです。性器愛撫用に開発された画期的なアイテムです。ベトつかず、とても滑らかで乾かない質感になっています。自分の愛液を活用する方法もありますが、濡れなかったりすることもあります。また乾いてしまいます。トレーニングとして毎日行うとなると、オイルを活用すると無理なく継続することができます。ちなみにアダムオイルは、私の「アダム徳永公式サイト」で販売しています。

次に剥いて露出したジョイパールに対して、右手中指の腹で愛撫します。正確にはアダムポイントをジョイパールに当てて愛撫します。右手は出力の手で、中指は5本の指の中でも一番氣が放出される指です。その指でジョイパールに対して、氣をチャージすると意図しながら、直接右まわりで愛撫していきます。

いずれにしても、従来の自己流のやり方を手放してください。女性の中には膣派で、膣の刺激でないとイケないという方もおられるかと思います。しかしそれでもこのやり方に従ってください。なぜなら陰核が女性の中心だからです。肉体とエネルギー体と霊体をつなぐ核だからです。

眠っていたジョイパールの機能を開くことが重要です。ジョイパールはオーガズムをもたらす起爆装置であり、松果体を開く基点であり、高次元とつながるポータルサイトだからです。ある意味第二の私なのです。

ジョイパールを愛撫してオーガズムを迎えるとき、同時に性感脳活性化呼吸法を使って一気にそのエネルギーを脳に上げます。これがエヴァベーションの基本的な方法となります。

トレーニングとしてのエヴァベーション

エヴァベーションを行うにあたり、どれだけ継続すればいいのでしょうか。またどこをゴールに目指せばいいのでしょうか。この回答として、「光源絶頂のオーガズムを手にできるまで」ということになります。ここに到達するころには、松果体が開いて、高次元の声が聞こえたり、美しい光の光景が観えたり、過去生のビジョンを観たりと、色々な現象を体験するようになります。

しかし今まで女性性をおざなりにしてきた状態では、そう簡単にはそこに到達することはできないかもしれません。たぶんマイナスからのスタートになる女性が、多くおられるのではないかと思います。ここは気負わず楽しみながら、一歩一歩山を登っていく気持ちで取り組んでください。

第一段階としての課題は、まずはイケるようになることです。毎日の日課として行うと、これが必ずイケるとは限らないのです。1時間ジョイパールを愛撫しているのに、イケないということも起きてきます。

性的興奮は、イクための重要な要素です。これを無視して行うと、遠回りの歩みになってしまいます。性的興奮は悪いことではありません。神に与えられた要素です。妄想を膨らませたり、動画を見ながらでも、工夫してイケるようになってください。

第二段階は、快感の度合いを深めていくことです。イクと一口でいっても、軽く「あっ」と声が漏れる程度のイクもあれば、のけ反ってイクレベルもあります。また快感がずっと続き痙攣が止まらないレベルもあります。もっと進むと、意図するだけで、子宮のエネルギーを脳に上げてイクことができるレベルもあります。本当に女性のイクにも幅があるのです。

エヴァベーションは現代の修行です。性感脳を開き松果体を開くトレーニングです。毎日行うのが基本です。といっても、ずっと続けるのも息切れしてしまいます。挫折しかねません。そこで日にちを区切って行います。その日にちが、21日間です。聖書によれば7日間で天地が創造されました。成長はホップ・ステップ・ジャンプの3段階を通ります。7日×3段階＝21日。これを一区切りとします。この期間はできるだけ休まずに、21日間続けてください。どうしても時間が取れなくてできないときは、自分自神に「こういう理由で休みます」と宣言して延長してください。21日間をベースに、とにかく何セットでも継続して行うことが覚醒への道です。

またエヴァベーションをする環境についてです。なるべく落ち着いて一人になれる空間が最適です。行う時間も決めて、ルーティーンにするといいかと思います。またできれば部屋を暖めて、全裸になって行うことをオススメします。より官能の世界に没入できるからです。

また音楽も助けになります。その際の音楽は、ヒーリング音楽は不適切です。性的興奮を鎮火させてしまうからです。ベストはムーディーなジャズ音楽です。私の公式サイトに、ジャズボーカルのミュージックを用意しています。無料で視聴できますので活用してみてください。美しく妖艶に官能する姿は、神の喜びです。ぜひその姿を神に鑑賞してもらう意識でエヴァベーションを行ってください。

松果体覚醒の先にある霊体開花のワーク

ここまでは性感脳と松果体を開くことで、女神として覚醒に至る道を説明してきました。しかし仮にこの能力が開かれて霊的体験をするようになったとしても、これで終わりではありません。人間は、肉体・エネルギー体・霊体の三層から成り立っています。オーガズム造成呼吸法・性感脳活性化呼吸法・セルフアダムタッチ・エヴァベーション、これらのエヴァセルフラブは、肉体とエネルギー体の領域で、性感脳と松果体の機能を開くためのワークです。

あとは霊体を開花させるワークが残されています。これを実践し成就することで、ようやく女神としての覚醒が完成します。では霊体の開花のワークとは何でしょうか。一つは宗教を超えた神意識を持つこと。そしてエゴを手放す作業です。

女神に覚醒するということは、神に至る、または女の神になるということです。ここで重要なのが神観です。どのような神観を持つかで、自らの行き先が変わってきます。実際にこれまでの宗教で、多くの神が語られてきました。ユダヤ教はヤハウェの神。キリスト教は三位一体の神としての父なる神・子なるイエス・キリスト聖霊。ヒンズー教はブラフマー神やシバ神。仏教は大日如来。エジプトの神はラーの太陽神やイシスの母神。ギリシャ神話は、ゼウス神やアポロン。日本神道は、天御中主神や天照大神などなど。時代や民族・地域によって神観がまったく違います。これらの神を信じると、その宗教的価値観にしばられ、固定化した意識領域に至ることになります。これでは最高の神領域に至ることはできません。

女神に至る究極の神観

ここで「神とはなんぞや」ということで、神と三次元物質世界と人間の関係性について、明確な回答を簡単に解説します。まず神とは「無限意識」であるということです。全ての無限の情報が無限意識に内包されています。その無限意識の中にまた粒子のように無限の個々の意識が存在しています。その粒子の一つの意識があなたなのです。これが神のイメージです。

まず意識とは何かを体感してみてください。目をつむり、耳を塞ぎ、口を閉じ、皮膚感覚を遮断してみてください。どうでしょうか。どのような感覚を覚えますか。無のような有のような、何ともいえない不思議な感覚です。これが意識です。あなたの意識の中には、今までの経験が魂に記憶されています。様々な思考や感情や意志が存在しています。しかし意識だけだと、真っ暗な霧の中にいて曖昧模糊《あいまいもこ》としています。この状態が続くと、自分という存在が認識できなくなってしまいます。これが永遠に続いたらどうなるでしょうか。発狂してしまいます。無限意識として存在する神も同じです。

神には、一つの願望があります。それは「自分を知りたい」「自分を感じたい」「自分を経験したい」というものです。意識だけだと自己認識できないのです。神の無限意識は言葉を変えれば、無限の魂であり、無限のこころといってもいいかと思います。こころは「知」「情」「意」の3つの要素から成り立っています。知は自分を知りたい。情は自分を感じたい。意は自分を経験したい。この思いが神の中に内包されているのです。その思いを実現すべく、三次元の物質世界がもたらされたのです。神は自らの思いを、三次元世界に表現したのです。神は始め、ビッグバンとして無限のエネルギーを宇宙空間にもたらしました。光が轟き、氣のエネルギーが宇宙に満ちあふれます。そこから電磁波が発生し、陰陽が発生します。そして素粒子が発生し、原子が誕生します。原子も時間をかけながら原子核と電子の数を増やしながら、原子の性質を増やしていきます。水素や酸素の無形な状態から、徐々に銅や鉄・金やプルトニュームなど物質が発生します。そして原子の組み合わせによって分子が存在し、様々な物質がもたらされ、植物が、動物が、そして最後に人間が誕生します。

この無限に存在する宇宙の全ては、神の無限意識が物質として体現化したものなのです。物質は固体として存在していますが、熱を持つと液体になります。さらに熱を加えると気体になり気化します。神という無限意識もまた、波動を下げながら自らを物質化させたのです。したがって宇宙の全ての物質も神なのです。

従来の神観は、神を創造主と捉え、物質世界を被造物と捉えてきました。つまり二極化してきたのです。しかし本当は、被造物といわれる存在は、神の物質としての側面なのです。一元的存在で、コインの裏表の関係なのです。そして人間は、神の完全な姿として現れたものです。人間の持つ魂もこころも、神と同質であり同じものなのです。なぜなら神は人間を通して完全なる自分を最高に知り、感じ、経験したいと望んでいるからです。

従来の古い宗教的価値観を手放そう

神の本質を一言でいうと「喜び」です。キリスト教では「神は愛なり」といいますが、実は喜びです。喜びは欲望を満たすことで発生します。自分を知りたい欲望。自分を感じたい欲望。自分を経験したい欲望。この欲望を神は全て成就したいのです。そのために無限に存在する粒子としての意識が、人間に進化して、それを得ようとするのです。

欲望にも高低差があります。最高に高い欲望が愛なのです。また自己を成長させたいという欲望もあります。色々なことを学び、知り、感じ、経験し、成長することで喜びを覚えるのです。

では「知る」を経験するときに、初めから知っていたのでは知る経験ができません。お風呂に入っていれば、お風呂に入るという経験はできません。すでに入っているからです。お風呂に入っていないから、入る経験ができるのです。だから、自分を知るためには、初めは知らないというところからスタートするのです。つまり神も無知な状態からスタートするのです。

人間の成長は7段階あります。すなわち神もまた7段階を辿りながら成長し、知ること、感じること、経験することを深めていくのです。赤ちゃんが幼児になり、そして学童となり、思春期を通過して成人します。成人してもさらに人生を通して、多くを学び知り、多くを体験していくのです。それと同じで、神は人生の転生を経ながら7段階を通過して、自分を知る経験や、自分を感じる経験をするのです。

まだ成長段階の途中にある人は、神も途中の段階での認識に留まっていきます。さらに人生の転生を繰り返しながら、神自身が魂を成長させていくのです。しかしこの本を手にされたあなた。この本に共感共鳴されたあなた。あなたは第6チャクラの成長段階に到達された方なのです。つまり神として最終段階にあるということです。

みなさんの中には何らかの宗教を信じてこられた方がおられるかと思います。またはスピリチュアルに関して、多くを学んでこられた方もおられることでしょう。色々な価値観をお持ちだと思いますが、ここは私の提示する神観に従ってみてください。この神観は、今までの宗教を凌駕する、とてもシンプルで明快な真理なのです。

エゴを手放すことが霊体の最終課題

神観を手にされたあなたにとって、最終課題があります。それがエゴを手放すことです。神は喜びと愛と光の存在です。高波動として存在しています。波動は同じ周波数と共鳴する性質をもっています。そのような理由で、エゴという波動の低い周波数の領域に自分がいると、神と波動を合わせることができないのです。

エゴは「自分さえ良ければいい」という身勝手な思いです。自己中心的な欲求や欲望、自己保全の本能です。しかしエゴは人間が成長する上で、絶対的に必要な要素でもあるのです。光を知るには闇が必要です。太陽の光が降り注ぐ広場で、懐中電灯を灯しても、その光は全く認識できません。しかし真っ暗な暗闇で、懐中電灯を灯せば、その光は目を覆うほどにまぶしく輝きます。人生で豊かさを知るには、貧しさを知らなければ認識できません。人生で平和を知るには、戦争を知らなければ認識できません。人生で愛と喜びを知るには、真逆の闇が存在しないと愛と喜びを認識できないのです。それがこの世に闇が存在し、エゴが存在する理由です。これが三次元世界の法則です。

太陽は大地にあまねく光を注いでいます。しかし雨雲が重く垂れ込めれば、太陽の光は遮《さえぎ》られ地上は暗闇となります。人間のエゴも同じで、このエゴが神の光を遮るのです。しかし自分のエゴを克服した分だけ、雲が晴れ、神の光と愛が注がれて明るくなります。闇を通して光を経験する。その経験の積み重ねで人間は神に近づくのです。そして神になるのです。エゴはそれを克服して、愛の存在に成長していくための重要な役割なのです。

人間は本来神であり光の存在です。しかし人生を経験するために、三次元に降り立つときに分離意識がもたらされます。それが人間にエゴがある理由です。他者と比較することで優越感を持ったり、劣等感に苛《さいな》まれたりします。それによって嫉妬したり批判したり、裁いたりします。また自己否定したりします。善悪の価値観を刷り込まれ、その価値観の対立で分裂がもたらされます。性にたいする罪意識は、男女の関係を破壊します。また所有概念もエゴをもたらします。所有しようとする意識が、彼や夫の浮気を受入れられず怒りが起こるのです。そのような社会意識によってもたらされた分離意識に気がつき、一つ一つエゴを手放す作業によって、本当の己を知り、愛の自分を感じ、最高の喜びを経験するのです。

つまり自己が成長すると、「私はあなた」「あなたは私」「全ては私」という意識の領域に至るのです。自己に向けていた愛を、他者にも自然と向けることができるようになるのです。その意識に至ると自然とエゴは消滅します。女神の覚醒をめざすあなたにとって、この意識に至ることが、最終の目的であり課題なのです。そこに至ることができれば、もう怒ることも悲しむこともありません。ただ愛に満たされ、喜びに満たされ、平安で幸せな意識で生きることができるのです。これが女神に覚醒した姿です。

神となる氣光天瞑想を習得しよう

人類は長い歴史の間、平和を求めてきました。しかしその思いとは裏腹に、人々はあまりにも悲惨な歴史を辿ってきました。宗教の価値観が違うことで争ったり、領土を奪うために戦争したり、富を得るために人間を奴隷として売買したり、女性を蔑視して支配したり……。文明の繁栄の陰で、人間はずっと残忍なことを繰り返してきたのです。

その原因の一つに、闇のパワーが関わっていたことは事実です。しかしさらなる原因を遡ると、それは人間が神と分離して、愛が欠如していたからです。神の完全な姿として三次元に現象化することで、神と分離したからです。その最たる現象が、陽の神である男性と、陰の神である女性との分離です。男女が陰陽和合を通して愛し合うことで、愛が繁殖し、繁栄するように設定されています。その男女が愛し合う行為のセックスに対して、人類は罪悪観と羞恥心と嫌悪感を刷り込まれ、男女の愛を分断させられてきたのです。

私は本書で性の神聖さを伝え、その真実の価値をずっと語ってきました。女性のみなさんが女神をめざすならば、まずこの性に対する罪悪観・羞恥心・嫌悪感を手放してください。そして「セックスは神聖なものであり、男女が愛し合う、神によってもたらされた最高のギフトである」という価値観に切り替えてください。ここがブロックされている限り、先に進むことはできません。

また女性の性エネルギーが、オーガズムとなり、性感脳を開き、松果体を開き、霊的能力を開花させるパワーであることをお伝えしました。その方法として「エヴァセルフラブ」「オーガズム造成呼吸法」「セルフアダムタッチ」「エヴァベーション」「性感脳活性化呼吸法」「真の神観と神意識」「エゴの解放」をお伝えしました。ぜひこの価値と意義と技法を理解し、取り組んでください。そしてマスターしてください。

実際に私と関わった女性たちが、チャネリングで、高次元からメッセージを降ろしたり、過去生のビジョンを観たり、ライトランゲージを口にして、宇宙人と交信したりする現象が嘘のように起きています。時代背景が変わったのです。昔であれば瞑想や滝行・荒行などの修行を生涯をかけて行って得られたことを、いとも簡単にそれができる時代圏を迎えたのです。

ただ何事もそうですが、本を読むだけでは限界があります。これはゴルフのレッスン書を読んでも、なかなか上手くならないのと同じ理屈です。一番いいのはレッスンプロに教わることです。私が養成しているエヴァインストラクターの女性から指導を受けるか、女神覚醒アカデミーを運営している私から、これらの技法を直接習うことをオススメします。自分一人で奮闘するより、同じ志をもった女性たちと共に、影響を受けながら歩むことのほうが何十倍も簡単で進歩も早いです。すでに女神領域で歩んでいる先輩の女性たちがおられます。とても刺激になり励みになります。

また、本書では書くことを控えた究極の秘法があります。それは「氣光天」と呼ばれるものです。氣光天は神とダイレクトにつながる最強の行法です。これは口伝で伝えています。「イメージ」と「呼吸法」と「マントラ」と「エネルギー伝授」がセットの行法です。行法を続けて行うと氣光天瞑想になります。この氣光天は21世紀における最大級の神からの恩寵です。過去の歴史的な伝統的な行法を一気に凌駕しています。

エネルギー伝授は、根源の神と高次元の神々と聖なる宇宙人たちとアクセスコードをつなぐためのものです。伝授を受けると、独自で行うのを電話回線に喩えるなら、光回線に切り替わったほどに、そのつながりを強化できます。

私の魂はアルクツゥールスから来ています。イエス・キリストと同魂です。私は歴史的に封印されてきた性の扉を開く役割を担っているので、高次元からの信頼と期待を大きく背負っています。そして数多《あまた》の神々と宇宙人のサポートを一身に受けているので、スローセックスのメソッドを開発したり、女神覚醒のメソッドを開発できるのです。そして最強のエネルギー伝授ができるのです。

新しい人類の夜明けのこの時代に、私との出会いは、奇蹟的な巡り合わせです。ぜひ氣光天の秘法を学び、エネルギー伝授を受けてみてください。生涯の宝になることをお約束します。しかしあくまで本書の内容の習得が基本になります。これをしっかりと実践した上での話です。基本をマスターしていないと効果はありません。

未来はパラレルです。未来は無限の可能性が存在します。どれを選択するかで、未来は変わります。あなたの運命は変わります。ぜひ女神としての道を選択して、本書でお伝えした内容を実践してみてください。あなたが女神として歩まれる決意をされたときから、背後から神々の応援がもたらされます。根源の神と神々は、あなたが真の女神として成長することを願っているのです。あなたが女神になることで、世界に平和がもたらされるのです。ぜひその一翼を担ってください。あなたが女神として覚醒されんことを、こころから祈っております。

あとがき

21世紀は、まさに大転換の時代です。そして飛躍の時代です。テクノロジーが進化し、インターネット、ＡＩ、再生可能エネルギーなどの技術が急速に発展しています。テクノロジーの急速な進歩で、特にインターネットやＳＮＳによって、情報や知識が即座に世界中に共有されるようになりました。１００年前の世界と比較して、驚くべき進化を遂げています。

21世紀は「風の時代」といわれています。「風」は目に見えないエネルギーの動きを象徴していて、より高い周波数や振動の状態を示します。「風の時代」とは伝統的な価値観やシステムが揺らぎ、新しい考え方や価値観が広がることを表しています。また、物質的な世界に縛られることなく、人々が心や魂のレベルでのつながりを深める時代であることを意味します。

また、21世紀は「光の時代」ともいわれています。「光」は真理と愛と喜び、そして神を意味します。「光の時代」は、物質的な豊かさや技術的な進歩を凌駕しながら、精神的な心の豊かさや魂の成熟が求められます。人々が内面的な価値を重視し、物質的な欲求だけでなく、精神的な充実や成長を追求していきます。真理を探求し、霊性が高まる時代です。多くの人々が自分自身の本質や、神としての自分を知り、高い次元の神意識に目覚めようとしていきます。

まさに21世紀は長く続いた闇の時代に終止符を打ち、人類が求めてやまなかった、愛と喜びの平和な時代になっていくのです。物質的な発展や科学技術の進歩と並行して、魂の霊的な成長が加速し、神意識に目覚め、女性は女神に昇華し、男性は男神に昇華するのです。

私は以前から、一つ大きな疑問がありました。それは世界中には、多くの優秀なチャネラーがおられます。そしてその方たちを通して、神々や宇宙人による高次の崇高なメッセージや真理が降ろされてきました。それによって世界レベルでスピリチュアルブームがもたらされ、多くの人々に目覚めをもたらしました。しかし真理の中核である、肝心の陰陽和合の「性」に関しては、ほとんど触れられずにきたのです。なぜだか、スルーされてきました。それが私には不思議でなりませんでした。しかし、今ならわかります。

それは、地球人の霊性がまだ幼いレベルの段階にあったからです。性を開示する大人のレベルにまで、地球人の霊性が到達していなかったからです。だから高次元はこの究極のメッセージを降ろすことができずにいたのです。地球を取り巻く神々と宇宙人たちは、人類の霊的成長を辛抱強く待っていたのです。そしてついに21世紀という時代を迎え、人類の霊的ステージがアップすることで、私たちはその究極の真理を受け取る許可を得たのです。

そして、その究極の真理を開示したのがこの本なのです。あなたが手にされているこの拙著です。あまりにも平易な文章で簡単に書かれているので、この本の重要性を感じなかったかもしれません。しかしこの本は、長い歴史にわたって待ち望まれた究極の一冊なのです。人類を覚醒に導く神髄が記されています。この本の出版が基点となってダムが決壊し、水が下流に流れあふれるように、女性から真理の目覚めが広がっていきます。

神聖なる性の価値に、まず女性たちが目覚めることで、人類の覚醒が始まるのです。そして陰陽和合を通して、喜びと愛に満ちた神の世界に地球は移行していくのです。その意味で、この本が世に出現したことは、歴史的な一大イベントであり、人類にとって記念すべき日となるのです。

この素晴らしい黎明の時代に生まれ合わせ、この本を世に送ることができたことを嬉しく思います。そしてこの本の執筆にあたり、高次元の神々と宇宙人の方々に、サポートしていただけたことを心から感謝申し上げます。またこの本を世に送り出してくださったヒカルランドの石井健資社長の決断に、身を90度に折り曲げて感謝申し上げます。

アダム徳永

アダム徳永《あだむとくなが》

1954年生まれ。
(株)エヴァコミュニケーションズ代表、
(一社)エヴァセラピー協会代表理事。
名古屋芸術大学卒業後、イラストレーターとして活躍。
33歳のときに霊的体験から「人類の幸福の探求」を始める。
幸福の根源が男女の和合にあるとの確信からセックスを研究。
天の啓示を受け、オリジナルの理念としてメソッドを確立。
「スローセックス」と命名。
男女の聖なる和合を通して愛を広げることを提唱し、
性の変革者として多くの男女に影響を与える。
『スローセックス実践入門』『男は女を知らない』(講談社+α新書)
ほか著書多数。累計100万部を越える。

■アダム徳永 公式サイト https://adam-tokunaga.com/
■一般社団法人 エヴァセラピー協会 https://evatherapy.jp/
■アダム徳永の女神覚醒アカデミー https://megami-academy.jp/

聖なる性の封印が解き明かされる!

女神に覚醒するための秘法

レムリアからの教え

第一刷　2023年10月31日

著者
アダム徳永

発行人
石井健資

発行所

株式会社ヒカルランド
〒162-0821 東京都新宿区津久戸町3-11 TH1ビル6F
電話03-6265-0852 ファックス03-6265-0853
http://www.hikaruland.co.jp　info@hikaruland.co.jp
振替00180-8-496587

本文・カバー・製本
中央精版印刷株式会社

DTP
株式会社キャップス

編集担当
石田ゆき

　ISBN978-4-86742-282-3

自然の中にいるような心地よさと開放感が
あなたにキセキを起こします

元氣屋イッテルの１階は、自然の生命活性エネルギーと肉体との交流を目的に創られた、奇跡の杉の空間です。私たちの生活の周りには多くの木材が使われていますが、そのどれもが高温乾燥・薬剤塗布により微生物がいなくなった、本来もっているはずの薬効を封じられているものばかりです。元氣屋イッテルの床、壁などの内装に使用しているのは、すべて45℃のほどよい環境でやさしくじっくり乾燥させた日本の杉材。しかもこの乾燥室さえも木材で作られた特別なものです。水分だけがなくなった杉材の中では、微生物や酵素が生きています。さらに、室内の冷暖房には従来のエアコンとはまったく異なるコンセプトで作られた特製の光冷暖房機を採用しています。この光冷暖は部屋全体に施された漆喰との共鳴反応によって、自然そのもののような心地よさを再現。森林浴をしているような開放感に包まれます。

みらくるな変化を起こす施術やイベントが
自由なあなたへと解放します

ヒカルランドで出版された著者の先生方やご縁のあった先生方のセッションが受けられる、お話が聞けるイベントを不定期開催しています。カラダとココロ、そして魂と向き合い、解放される、かけがえのない時間です。詳細はホームページ、またはメールマガジン、SNS などでお知らせします。

元氣屋イッテル（神楽坂ヒカルランド　みらくる：癒しと健康）
〒162-0805　東京都新宿区矢来町111番地
地下鉄東西線神楽坂駅２番出口より徒歩２分
TEL：03-5579-8948　メール：info@hikarulandmarket.com
不定休（営業日はホームページをご確認ください）
営業時間11：00〜18：00（イベント開催時など、営業時間が変更になる場合があります。）
※ Healing メニューは予約制。事前のお申込みが必要となります。
ホームページ：https://kagurazakamiracle.com/

ヒカルランド　好評既刊！

地上の星☆ヒカルランド　銀河より届く愛と叡智の宅配便

チャクラ・リチュアルズ
著者：クリスティ・クリステンセン
訳者：田元明日菜
A5ソフト　本体2,700円+税

古代のWi-Fi【ピンク法螺貝】
のすべて
著者：りーこワケワケ
四六ソフト　本体1,600円+税

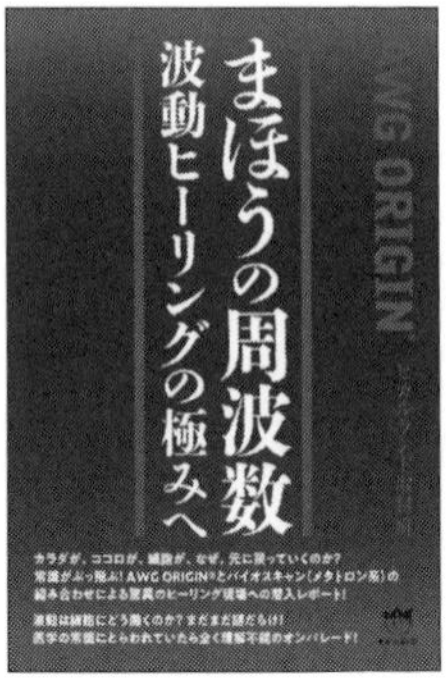

まほうの周波数
波動ヒーリングの極みへ
著者：ヒカルランド取材班
四六ソフト　本体2,200円+税

究極のCBD【奇跡のホップ】
のすべて
著者：上古眞理／蒲生展之
四六ソフト　本体1,800円+税

シンクロニシティカード
《完全活用》バイブル
著者：FUMITO＆LICA
四六ソフト　本体1,800円+税

【パワーアップ版】
根源神エナジーヒーリング
著者：岡部公則
四六ソフト　本体2,000円+税